Naturfarben Handbuch

Lynn Edwards & Julia Lawless

Naturfarben Handbuch

Lynn Edwards & Julia Lawless

antis

im ökobuch Verlag
Staufen bei Freiburg
www.oekobuch.de

Die Originalausgabe erschien 2002 unter dem Titel „The Natural Paint Book" im Verlag Kyle Cathie Limited, 122 Arlington Road, London NW1 7HP

Cheflektorin: Helen Woodhall
Lektoratsassistenz: Esme West
Designer: Kevin Knight at Flying Pig

Druck und Bindung:
Star Standard, Singapur

Übersetzung aus dem Englischen von Eckard Teichert, Staufen

Bibliografische Information:
Die Deutsche Bibliothek

Die Deutsche Bibliothek verzeichnet diese Publikation in der deutschen Nationalbibliografie; detaillierte bibliografische Daten sind im Internet über http://dnb.ddb.de abrufbar.

ISBN-10: 3-922964-92-3
ISBN-13: 978-3-922964-92-6

2. Auflage 2007

www.oekobuch.de

Inhalt

EINFÜHRUNG

Eine naturnahe Lebensweise ist der Schlüssel für unsere Zukunft! Immer mehr Menschen entscheiden sich für umweltfreundliche Produkte im Haus und fühlen sich dafür verantwortlich, selbst für körperliche Gesundheit und seelisches Wohlbefinden zu sorgen. Sie wollen zum einen verbunden sein mit dem, was aus früheren Zeiten erhaltenswert ist, und wollen gleichzeitig eine menschen- und umweltfreundliche Zukunft gestalten, die den nachfolgenden Generationen Entwicklungsmöglichkeiten lässt. Um dieses Ziel zu erreichen, sind Alternativen zu unserer zunehmend technisierten, vorgefertigten und naturfernen Lebensweise notwendig.

Oben: Natürliche Anstriche passen gut zu Naturmaterialien wie diesem unbehandelten Holztisch oder zu Treibholz.
Rechts: Naturfarben passen zu jedem Wohnstil, von exotisch bis ländlich.

In diesem Buch geht es ausschliesslich um Naturfarben und um die natürliche Oberflächenbehandlung von Wänden, Fußböden und Objekten. Zwar gibt es sehr viel Literatur zum Thema, doch gewöhnlich ist nur von Produkten der Petrochemie die Rede, die mit zum Teil nicht unerheblichen Risiken für unsere Gesundheit und unsere Umwelt behaftet sind.

Es ist heute durchaus möglich, dass Menschen bis zu 80% ihrer

Lebenszeit in Gebäuden verbringen. Den wenigsten Menschen ist dabei bewusst, dass in Gebäuden die Umweltverschmutzung zehnmal so hoch sein kann wie im Freien! Ohne es zu merken, können sie ständig giftigen Emissionen von Produkten aller Art ausgesetzt sein, einschließlich denen von synthetischen Farben.

Aber auch die Produktion synthetischer Farben selbst stellt eine enorme Belastung für die Umwelt dar. Die Herstellung einer Tonne synthetischer Farbe unter hohem Einsatz von Energie kann 10 bis 30 Tonnen Giftabfälle hinterlassen!

Naturfarben werden dagegen zum größten Teil aus nachwachsenden Rohstoffen, z.B. Pflanzenöl, hergestellt oder aus Stoffen, die reichlich vorhanden sind, wie Erde, Lehm, Kreide usw.. Die Inhaltsstoffe müssen weit weniger aufbereitet werden, wodurch die Abfälle, der Energieeinsatz und die Umweltverschmutzung geringer sind. Die Abfälle sind zudem meist biologisch abbaubar.

Den Menschen wird zunehmend klar, dass sie als Konsumenten wirkliche Macht haben. Wenn wir die Produkte, die wir kaufen und verwenden, kritisch hinterfragen, können wir damit das Angebot beeinflussen.

Doch wie entscheiden wir, welche Farben und Anstriche wir wählen? Welche Fragen müssen wir stellen? Die Informationen in diesem Buch mögen dazu beitragen, wohlüberlegte Entscheidungen zu finden.

Hier wird beschrieben, was Farben sind und wie sie hergestellt werden, sowohl auf traditionelle wie auch auf synthetische Weise. Es bietet eine Übersicht über Naturfarben, Rezepturen und Techniken und stellt eine Fülle von Beispielen vor. Die detaillierten Anleitungen für die farbliche Gestaltung von Wänden, Holzböden und Objekten machen es leicht, eigene Wünsche in die Realität umzusetzen.

Wer sich für Naturfarben entscheidet, muss keine Einschränkungen in bezug auf die Gestaltungsvielfalt hinnehmen. Vielmehr eröffnen sich ganz neue Welten feiner Farbabstufungen und Strukturen. So ist es möglich, aus einem großen Angebot guter Markenprodukte zu wählen, aber auch, Farben und Anstriche nach traditionellen Rezepten selbst zuzubereiten. Früher einmal wurden alle Farben aus Naturstoffen hergestellt, und das Wissen und Können baute sich über Jahrhunderte auf. Die meisten traditionellen Farben sind leicht herzustellen, benötigen nur wenige Zutaten und können mit einfachen Techniken verarbeitet werden. Sie schaffen eine ganz andere Atmosphäre im Raum als "konventionelle" Farben und riechen gut. In diesem Buch werden praktische Anleitungen zum Herstellen und Mischen traditioneller Anstriche wie Leimfarben und Kalkfarben gegeben und Möglichkeiten gezeigt, wie moderne, umweltfreundliche Emulsionen und Kaseinfarben kreativ und effektiv einzusetzen sind.

Wer mit Naturprodukten arbeitet, stellt wieder eine Verbindung mit dem überlieferten handwerklichen Erbe her und ehrt und würdigt damit die Vergangenheit.

Heute haben wir die ideale Gelegenheit, dieses überlieferte Können mit den besten modernen Techniken zu kombinieren.

Die leichte Verfügbarkeit der Rohstoffe und die Kenntnis, wie man sie verarbeitet, bedeuten, dass wir unseren Wunsch verwirklichen können, in einer gesunden, schönen Umgebung zu leben, die wir selbst nach unseren persönlichen Vorstellungen gestalten.

Am Ende des Buches werden Möglichkeiten aufgezeigt, wie sich die eigenen vier Wände in einen Ort der Geborgenheit verwandeln lassen, einen Ort, der die Seele nährt und die Hektik der modernen Welt vergessen lässt. Die Prinzipien einer naturnahen Lebensweise können auf das ganze Haus angewendet werden, und so sind im Buch eine ganze Palette von Tipps und Anregungen für die Gestaltung jedes Raumes zu finden. Wenn wir Farbe, Licht, Struktur und Raum optimal nutzen, können wir unser Zuhause in einen gesunden und erholsamen Lebensraum verwandeln.

Lynn Edwards und Julia Lawless

Felsmalerei mit Jagdtieren
in den Höhlen von Lascaux, Frankreich
Rechts: Eisenerztagebau in East Pilbara, Westaustralien

DIE GESCHICHTE DER FARBE

Wiederentdeckung unseres Erbes

Altsteinzeitliche Höhlenmalerei

"Wir haben nichts erfunden...keiner von uns kann so malen!" Dies waren Picassos Worte, als er die altsteinzeitlichen Höhlenmalereien von Lascaux und Altamira betrachtete. So würdigte ein Genie des 20. Jahrhunderts ein Erbe, das über Jahrtausende verborgen geblieben war.
Dort wurden Techniken wie Perspektive, Farbabstufungen und Schattierungen vorgefunden, die wir für relativ moderne Erfindungen halten, die aber von Steinzeitmenschen trotz ihrer begrenzten Farbpalette mit großem Können eingesetzt wurden.

Wenn man die Geschichte der Farbe betrachtet, blickt man gewissermaßen in einen Mikrokosmos menschlicher Bemühung, mit all den Attributen, die wir auf andere Gebiete des menschlichen Fortschritts anwenden, nämlich Wissensdurst, Innovation, Fleiß und Inspiration. Dennoch führen diese immerwährenden menschlichen Strebungen nicht zwangsläufig zu positiven Ergebnissen, wie wir alle wissen ...

Die ältesten bekannten Malereien sind vermutlich die etwa 50.000 Jahre alten Felszeichnungen von Jinmium in Australien. Für die kürzlich entdeckten Malereien in der Chauvet-Höhle im Gebiet der Ardèche in Frankreich wird ein Alter von über 30.000 Jahre geschätzt, während die Malereien von Bhimabetaka in Indien über 25 000 Jahre alt sein können. Die bekanntesten, aber jüngeren Höhlenmalereien von Altamira und Lascaux entstanden vor 15.000 bis 25.000 Jahren.

Wo immer man sie findet, zeigen die altsteinzeitlichen Höhlenmalereien und Felszeichnungen Ähnlichkeiten, sowohl bei den verwendeten Materialien als auch bei der Ausführung.

Grabungen in Lascaux ergaben, dass Erdpigmente mit Hilfe von Tierknochen und Steinen in Mulden im Höhlenboden zermahlen wurden. Die Analyse hat gezeigt, dass die pigmentreichen Tonerden mit Wasser, Tierfett, Blut und Eiweiß angerührt wurden und recht hochentwickelte Farben ergaben. Die Farbpalette bestand aus Weiß (Kreide und Kalk), Schwarz (Ruß und Holzkohle) und den Rot-, Braun- und Gelbtönen der Naturerden. Mit Stöckchen aus Holzkohle und

"Malstiften" aus pigmentreicher Tonerde zeichneten unsere Vorfahren die Umrisse vor (genau wie es Rembrandt tat).

Die Farben wurden mit Pinseln aufgetragen, die aus zerkauten Zweigenden, Federn und Tierhaaren zusammengesetzt waren. Mit ihnen wurde gestrichen und getupft, durch hohle Knochen oder Schilfrohre gepustet (Vorläufer der Farbspritzpistole) und die Hände oder Moos und Flechten benutzt. Die Künstler schufen damit Bilder von hinreißender Kraft und Schönheit, die heute noch genau so außergewöhnlich wirken wie wohl zur Zeit ihrer Entstehung.

Tierische Fette und Wasser waren die ersten Bindemittel, Baumsäfte die nächsten. Der Saft eines nordafrikanischen Zypressengewächses, *Tetraclinis articulata*, wurde erhitzt und daraus eine Farbe auf alkoholischer Grundlage namens Sandarak hergestellt. Sie trat im folgenden Jahrtausend einen solchen Siegeszug an, dass das Wort Sandarak ein Synonym für Farbe wurde.

Aus dem gekochten Saft von Kiefern entstand Terpentin, und aus Pinienkernen ließ sich ein Öl pressen. Zusammen mit Bienenwachs und Schellack (die Absonderung der indischen Lackschildlaus, *Laccifer lacca*) existierten damit die Grundmaterialien für eine zunehmend breit gefächerte Herstellung von Farben, Firnissen und Ölanstrichen.

Neuere Entdeckungen haben gezeigt, dass die Künstler von Lascaux bis zu 40 km zurückzulegen hatten, um sich ihre Materialien zu besorgen. Angesichts der gefährlichen Lebensbedingungen und der kurzen Lebenserwartung muss ihnen die Ausgestaltung der Wohnhöhlen sehr viel bedeutet haben. Und sie bemalten nicht nur die Wände und Decken, sondern auch Werkzeuge, Kleidung und Körper.

Diese frühen Werke zeigen bereits alle grundlegenden Elemente, die in der weiteren Entwicklung der Raumgestaltung eine Rolle spielen: Einfallsreichtum und Zielstrebigkeit bei der Entwicklung der Grundmaterialien, Techniken und Werkzeuge, sowie Phantasie und das Verlangen, sich auszudrücken.

Frühe Hochkulturen

Vor etwa 12.000 Jahren war die Weltbevölkerung so weit angewachsen, dass einzelne Gemeinwesen sich allmählich zu Zivilisationen entwickeln konnten.

Aus Sammlern und Jägern waren Bauern geworden, die Behausungen aus Lehm, Holz und Stein bauten. Die zunehmende Sesshaftigkeit ließ über das reine Nahrungssammeln hinaus mehr Zeit für Tätigkeiten übrig, und dies führte zur Entdeckung neuer Materialien und Techniken. Im Überschuss produzierte Güter konnten mit anderen Menschen getauscht werden, woraus sich der Handel entwickelte. Zur "Wiege der Kultur" wurde das Gebiet des Mittelmeers zwischen den "Säulen des Herkules" (Gibraltar) und den Tälern von Euphrat und Tigris. In dieser gesamten Region tauschten die sich entwickelnden Zivilisationen ihre Waren, Fähigkeiten und Menschen aus. Sie gerieten auch in Konflikte, und diejenigen, die über bessere Ressourcen, Zugang zu Rohstoffen und Talente verfügten, setzten sich durch und gründeten Reiche.

Mit der Zeit wurden diese Reiche durch neuere, aktivere und dynamischere Zivilisationen ersetzt. Die fortschrittlichsten unter ihnen entwickelten auch die größte Vielfalt von Farben und Anstrichen.

Seite 10: Höhlengemälde von Pferden in den Höhlen von Lascaux, Dordogne, Frankreich.
links: Die Hütte eines Häuptlings der Venda in Zimbabwe mit traditioneller Bemalung.
rechts: Echinops ritro ist eine der Pflanzen, die zur Herstellung von Farbe verwendet werden.

Das Ägyptische Reich

Vor etwa siebentausend Jahren schufen die Ägypter als Erste eine wirkliche Hochkultur. Auf seinem Höhepunkt war das Ägyptische Reich 20% größer als China, und im Laufe von dreitausend Jahren entdeckten und entwickelten die Ägypter die meisten Künste und Wissenschaften, die wir heute kennen.

Als bemerkenswerte Neuerer erforschten sie Anwendungsmöglichkeiten für alle Materialien, die ihnen zur Verfügung standen. Aus Harzen oder Ölen zum Beispiel konnten sie Weihrauch, Parfüm, Farbe oder einen Schutzanstrich für Möbel herstellen. Das Harz der Myrrhe wurde zu Parfümen, Arzneien und Kosmetika verarbeitet und war ein Bestandteil von Weihrauch. Das Öl der berühmten Zedern des Libanon wurde nicht nur für Weihrauch benutzt, sondern auch als Insektenvernichtungsmittel und zur Konservierung von Möbeln, Gebäuden, Särgen und Toten. Auch im Bergbau leisteten die Ägypter Hervorragendes. Die Stadt Ammonium (die heutige Oase Siwa) wurde auf ausgedehnten Lagerstätten von Ammoniumsulfat gegründet, das die Auflösung von Wachsen und Harzen in Wasser ermöglicht.

Die große Anzahl der Gebäude bot riesige Flächen zur Bemalung. Die Stadt Theben war damals wohl die größte Baustelle der Welt, und wir können uns glücklich schätzen, dass die Ägypter uns in ihren Gemälden, Papyrusrollen und Hieroglyphen genaue Aufzeichnungen über ihr Alltagsleben hinterlassen haben. Auf den heute erhaltenen Inschriften und Wandbilder ist die Rolle ihrer Götter und Herrscher zu erkennen. Die Ägypter hatten ja ein hochentwickeltes Geistesleben, und ihre Verbindung mit den Göttern und Göttinnen war allgegenwärtig. Zum einen setzten sie ihre Kenntnisse von Rohstoffen, Farben und Kunst für rein ästhetische Zwecke ein, zum anderen dienten die schön ausgeführten Wandgemälde und Dekorationen aber häufig dazu, die Götter und Göttinnen zu ehren. In Karnak (Theben) war zum Beispiel die Große Säulenhalle des Amuntempels aus über hundert riesigen Säulen erbaut. Sie glichen Papyrusstengel, die sich aus einem urweltlichen Sumpf erheben und das Himmelsgewölbe tragen, dessen Decke in strahlendem Blau mit goldenen Sternen bemalt war. Schätzungsweise achtzigtausend Arbeiter arbeiteten in Hunderten von Werkstätten mit Materialien aus der ganzen damals bekannten Welt, die in Lastkähnen nilaufwärts nach Karnak transportiert wurden.

Für die Häuser der Wohlhabenden und für Sakralbauten wurden Lapislazuli und Azurit zermahlen, um Blau herzustellen, während gebrannter Bleiglanz eine Reihe von Farben von Weiß bis Rot erzeugte. Grüntöne wurden aus zerstoßenem Malachit und Chrysopras gewonnen.

Eine Reihe von Blau- und Grüntönen wurde durch die Korrosion von Kupfer hergestellt, wobei der Grünspan dadurch erzeugt wurde, dass man Kupferplatten über Ammoniak, Essig oder Urin hängte, oder sie mit Traubentrester bedeckte. Öle, Wachse, Harze, Mastix (der beste stammte von der griechischen Insel Chios), Eier, Milch, Kalk, Terpentin und Alkohol wurden für eine große Vielfalt von Farben und Anstrichen mit unterschiedlichen Eigenschaften und Anwendungen eingesetzt.

Man schätzt, dass es um Karnak herum Hunderte von Bauernhöfen mit über einer Million Milchkühen gab. Es verwundert also nicht, dass Milch, Kalk und Erdfarben die Grundlage für die Bemalung der einfachen ägyptischen Lehmhütten bildeten.

Links: Der Sarg der Pasenhor (1070 – 661 v. Chr.)
Unten: Grabgemälde von Sennedjem und seiner Frau, die die Götter der Unterwelt anbeten.

Naturfarben geben einem einfache
Innenraum eine persönliche Note
Seite 16/17: Fresko in der Villa dei Misteri, Pompe

Das klassische Griechenland

Die minoische Kultur im alten Kreta übernahm und entwickelte Techniken von den Ägyptern. Auf dem Höhepunkt ihrer Kultur, im zweiten Jahrtausend vor Christus, errichteten und bemalten die Kreter herrliche Gebäude. Ihre Kultur wurde größtenteils um 450 v. Chr. zerstört. Über die Wunder der minoischen Kultur war wenig bekannt, bis Sir Arthur Evans zu Beginn des 19. Jahrhunderts den Palast von Knossos entdeckte. Der Glanz und die Modernität dieser Fresken, die zu den frühesten gehören, die je entdeckt wurden, erstaunte damals die Welt.

Im letzten Jahrtausend v. Chr. begann der Niedergang der ägyptischen Kultur, aber ägyptische Arbeiter brachten ihr Wissen in die aufsteigende griechische Kultur ein. Wie die Ägypter bemalten auch die Griechen ihre Monumente. So waren beispielsweise auch die großartigen Marmorsäulen auf der Akropolis in Athen ursprünglich bemalt.

Die Phönizier

Die Phönizier galten im Altertum als große Seefahrer. Sie segelten vom Mittelmeer bis nach Indien, Afrika, Arabien, in den Fernen Osten und bis zu den Britischen Inseln. Ihre Schiffe hatten einen Schutzanstrich aus Sandarak, Rizinusöl und Mennige - dies war der erste meerwassertaugliche Anstrich. Die Phönizier sorgten für den Austausch von Materialien, Fähigkeiten und Kenntnissen zwischen den Kulturen.

Die Meder

Die Meder bildeten ein Reich in Südwestasien, das später von den Persern unterworfen wurde. Sie bemalten die sieben konzentrischen Ringmauern ihrer Stadt Agbatana von außen nach innen in Weiß, Schwarz, Scharlachrot, Blau und Orange, und versilberten bzw. vergoldeten die beiden innersten. Diese sieben Farben symbolisierten die sieben großen Himmelskörper. Der große Tempel des Nebukadnezar in Borsippa war in der gleichen Art bemalt, was die enge Verbindung von Farbe zum Kosmos deutlich macht.

Das Römische Weltreich

Durch die Zerstörung der frühen Kulturen des Mittelmeerraums sind uns häufig nur Fragmente geblieben, auf die wir unsere Kenntnisse von den damals benutzten Materialien und Techniken stützen können. Durch den Ausbruch des Vesuv im ersten Jahrhundert v. Chr. wurde jedoch ein prächtiges Beispiel für die Fähigkeiten konserviert, welche die Römer entwickelt hatten. In Pompei können wir einen Blick auf all die Wunder ihrer künstlerischen Meisterschaft werfen.

Hier finden wir die Bestätigung, dass die Farbpalette sich vergrößert hatte, ebenso waren Täuschungs-Techniken wie Trompe-l'oeil, Marmorieren und die Imitation der Holzmaserung entwickelt worden. Plinius stöhnte später über die Verbreitung der neuen Farben, die das Römische Reich hervorgebracht hatte: Purpur aus der Purpurschnecke, Zinnober aus einem Quecksilbermineral, Indigo aus indischen Pflanzen und Blau aus zerstoßenem Email.

Der Untergang des Weströmischen Reiches während des vierten und fünften nachchristlichen Jahrhunderts zog eine jahrhundertelange Unterbrechung in der Weiterentwicklung der dekorativen Künste nach sich. Das Zentrum der Wissenschaft verlagerte sich nach Byzanz, das später nach Konstantin dem Großen in Konstantinopel umbenannt, und letztendlich zum modernen Istanbul wurde. Leider befahl Konstantin nach seiner Bekehrung zum Christentum die Schließung bzw. Zerstörung aller Zeichen der heidnischen Gottesverehrung, wodurch der Nachwelt vieles verloren ging, was wir heute studieren könnten.

Indien und China verwendeten traditionell Farben und Firnisse aus Schellack und dem Saft des Lackbaums *(Rhus verniciflua)* auf Wassergrundlage; diese Länder wurden durch die großen Umwälzungen in Europa kaum beeinflusst.

Die Renaissance

Die Bewunderung für die Antike in der Renaissance führte zur Wiederentdeckung von Farben und Techniken des klassischen Altertums und brachte neue Techniken hervor, wie die Ölmalerei. In dieser Zeit kam es zur Trennung von Kunst und Handwerk. Bis zur Renaissance konnte

der Maler sowohl Anstreicher als auch Künstler sein, während wir heute dem Künstler eine gehobene Stellung zusprechen.

Während der Renaissance waren in wohlhabenden Kreisen meisterhafte Raumgestaltungen sehr gefragt, verbunden mit einer ständig wachsenden Repräsentationssucht. Leute der Unterschicht strichen wie seit Jahrhunderten ihre Wohnungen weiterhin mit einfachen Farben auf der Grundlage von Kalk oder Milch. Dabei wurden neben mineralischen und Erdpigmenten auch pflanzliche und tierische Pigmente verarbeitet. Zum Beispiel wurde ein blauer Schaum mit dem Namen "Fleurée de Pastel" gewonnen, indem man Farbbrühe von Färber-Waid verdunsten liess. Der trockene Rückstand wurde dann wahlweise mit Kalkfarbe oder mit Kreide gemischt.

Die Rückkehr zur Einfachheit

Im Gefolge der Reformation entstand im siebzehnten Jahrhundert eine Ablehnung prunkvoller Raumgestaltung. In Europa kehrte man zu einfacherer und funktionalerer Oberflächengestaltung zurück. Viele Familien verließen damals die Alte Welt und wanderten nach Amerika aus, und brachten dort ihre Fähigkeiten und ihren Glauben ein. Nach dem englischen Bürgerkrieg verließen viele Quäker, Angehörige einer puritanischen Sekte, Europa und gründeten 1682 Pennsylvanien. Dort suchten sie ihre Grundsätze von Handwerkskunst und Einfachheit zu verwirklichen.

Sie und die später dazugekommenen Shaker richteten ihre Wohnungen unter Verwendung einfacher Farben auf Milch-, Pflanzenöl- oder Wachsbasis ein.

Diese Art der Oberflächengestaltung wird in ihrer kargen Schönheit noch heute viel bewundert.

Die Auswirkungen von Erdöl

Erdöl ist seit vielen Jahrhunderten bekannt. Es wurde früher in kleinen Pfützen oder im Schiefer gefunden, wo es aus tieferen Schichten an die Oberfläche quoll. Die Indianer benutzten es zur Herstellung von Farbe und auch als Zaubermittel und Medizin. Als Edward Drake 1859 in Pennsylvanien die erste Ölquelle erbohrte, begann sich die Welt zu verändern. Siebenunddreißig Jahre später wurde das Automobil erfunden, und die Nachfrage nach Erdöl wuchs ebenso wie das Interesse an dem neuen Rohstoff.

Wissenschaftler untersuchten die Eigenschaften und isolierten nach und nach zahlreiche chemische Bestandteile des Erdöls. Sie entdeckten und erfanden neue Stoffe, die vorher in der Natur nicht existierten.

Diese neuen Stoffe, besonders die Kunststoffe und Farben, wurden als positive Neuerungen empfunden, was die Abhängigkeit von Erdöl weiter förderte.

Als in der zweiten Hälfte des 19. Jahrhunderts die industrielle Herstellung von Farben möglich wurde, brachten die Produzenten die Menschen dazu, sich von den traditionellen Farben abzuwenden, mit dem Argument, die neuen Produkte seien dauerhafter. Dies geschah trotz der Tatsache, dass einige der alten Farben Jahrtausende überdauert hatten und obwohl die neuen Farben ursprünglich viel teurer waren. Im zwanzigsten Jahrhundert hatte die petrochemische Industrie unser Leben nicht nur verändert, sie begann es auch zu beherrschen. Sie brachte für einige Menschen großen Reichtum, wurde in Energiekrisen und Kriege verstrickt und hat nicht zuletzt ernsthafte Auswirkungen auf unsere Umwelt.

Durch steigenden Wohlstand und eine zunehmende Industrialisierung hat sich auch unser Verhältnis zur Natur stark verändert, sowohl unsere Wertschätzung ihrer Gaben als auch unsere innere Verbindung zu ihr. Unsere angeborene Sehnsucht, höhere Kräfte anzuerkennen, haben wir ersetzt durch die "Religion" des Konsums, der zum unersättlichen und unaufhörlichen Verbrauch der Rohstoffe unseres Planeten führt. Eine Konsumgesellschaft kann von Natur aus nur Unzufriedenheit erzeugen und eine ruhelose Suche nach etwas, das sich nie erreichen lässt. Es ist folglich kein Wunder, dass sich viele Menschen zu Beginn des einundzwanzigsten Jahrhunderts nicht so wohl fühlen, wie sie es eigentlich könnten.

Alternativen für die Zukunft

In der modernen westlichen Welt ist uns selten klar, woher unsere Produkte stammen und welche Eigenschaften sie haben. Unsere Vorfahren hatten noch ein ganz anderes Verhältnis zu ihrer Umwelt und waren in einer Weise mit ihr verbunden, die uns abhanden gekommen ist. Die Wiederentdeckung der Naturfarben kann mit dazu beitragen, verloren gegangene Zusammenhänge neu zu erleben und unser Verhältnis zu Natur und Umwelt in einem neuen Licht zu sehen.

Kultur wandelt sich stetig und zu jeder Strömung gibt es irgendwann eine Gegenbewegung. Der Wandel wurde in den sechziger und siebziger Jahren durch Autoren wie Rachel Carson (Stummer Frühling), James Lovelock (New Look at Life on Earth) und E. F. Schumacher (Small is Beautiful – Klein ist fein) eingeläutet. Sie brachten zusammen mit anderen die wachsende Sorge zum Ausdruck, dass unsere Handlungsweisen gestern und heute negative Folgen haben werden. Zwar erscheint der Schaden überwältigend, den wir unserem Planeten bereits zugefügt haben, dennoch erliegen wir weiterhin den Verlockungen des Warenangebots. Die Alternative besteht darin, klar zu sehen, wo wir zu Beginn des einundzwanzigsten Jahrhunderts stehen, die Verantwortung dafür zu übernehmen und zu handeln. Wir sind alle Teil einer wachsenden Bewegung von Menschen, die sich ihrer Macht als Konsumenten bewusst werden. Wenn wir lernen, Produkte zu bevorzugen, bei denen die tatsächlichen Kosten und der wirkliche Wert der Dinge berücksichtigt sind, können wir eine höhere Integrität und eine wohltuendere Beziehung zu unserer Erde entdecken und erleben.

Seite 18: Ein Innenraum der Shaker in Neu England.
Oben: Künstler beim Farbenmischen in einem mittelalterlichen Manuskript.

Ein moderner Konsumtempel – Trafford Centre, Greater Manchester.

Aus Malachit werden Farbpigmente hergestellt
Rechts: Aus Zedern des Libanon wird Holzöl gewonnen

DIE RICHTIGE WAHL

Eine Möglichkeit, um aus der heutigen Konsumhaltung heraus zu einer physisch nachhaltigen und psychisch nährenden Zukunft zu finden, liegt in dem Bewußtsein, dass jeder Einzelne einen großen Einfluß allein schon dadurch ausüben kann, wo und wofür er sein Geld ausgibt.
Im folgenden Kapitel geht es darum, welche Konsequenzen die Wahl der Farben und Anstriche für die Umwelt und die Gesundheit haben kann.

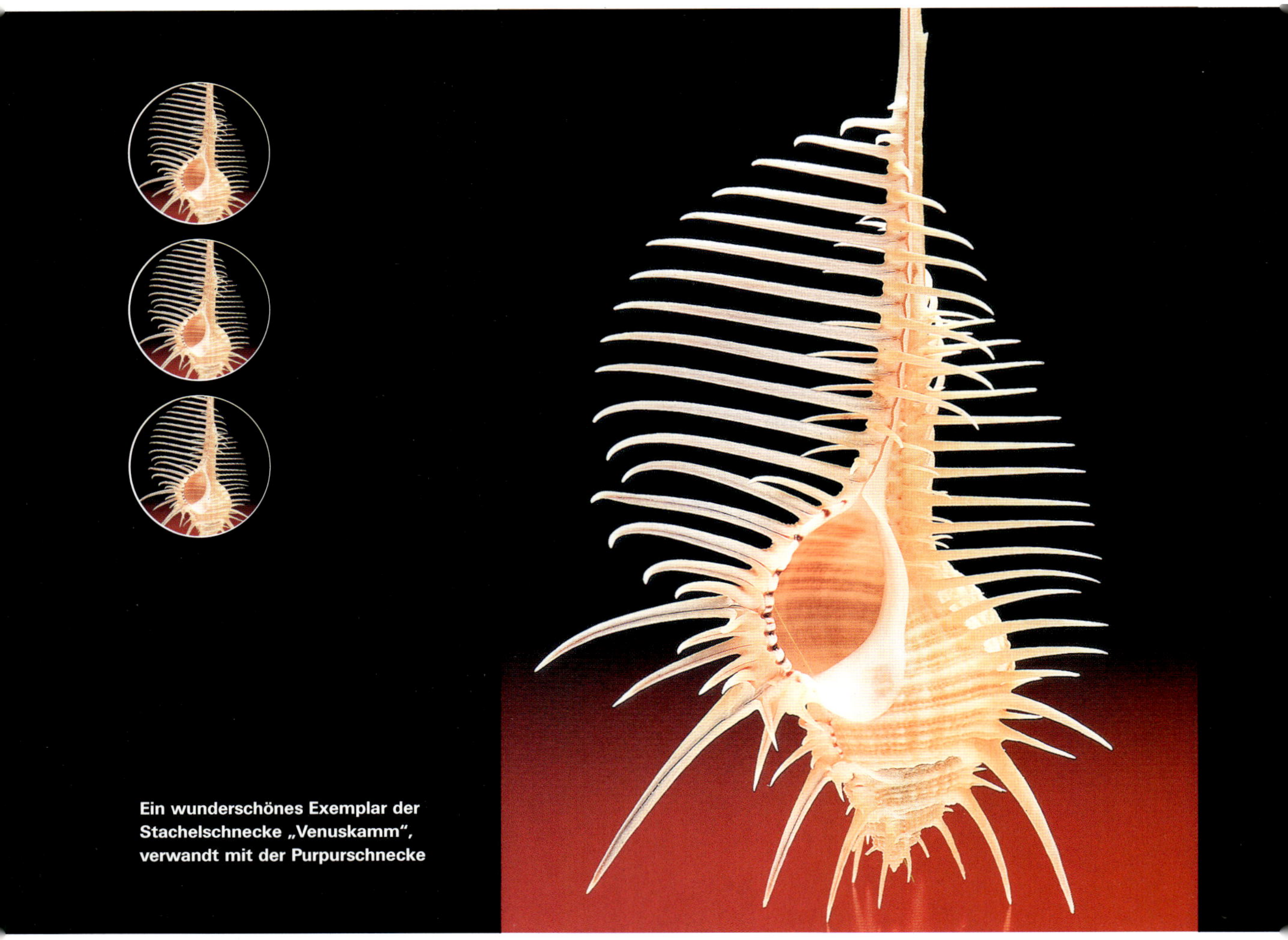

Ein wunderschönes Exemplar der Stachelschnecke „Venuskamm", verwandt mit der Purpurschnecke

Die Auswirkungen der Kaufentscheidung in nur diesem einen Bereich sind gewaltig, wenn man bedenkt, dass allein in den USA jährlich 4,5 Milliarden Liter Farben verbraucht werden!

Im folgenden sind die Merkmale umweltfreundlicher Farben und Anstriche benannt. Sie bestehen aus Stoffen, die

- *nachwachsend sind,*
- *reichlich und möglichst regional zur Verfügung stehen,*
- *mit möglichst geringem Energieeinsatz gewonnen, verarbeitet und transportiert werden können,*
- *sich mit geringem Aufwand herstellen lassen,*
- *für den Nutzer und die Umwelt keine Gefahr darstellen und*
- *als Abfälle biologisch leicht abbaubar sind.*

Was ist Farbe?

Farbe wird auf einen Untergrund aufgetragen, um ihn zu verschönern oder zu schützen und zu konservieren. Schon eine kleine Menge Farbe kann die Lebensdauer eines Gegenstandes bzw. Gebäudes erheblich verlängern; in diesem Fall ist jeder Farbauftrag, mit dem sich dies erreichen läßt, für die Umwelt von Nutzen.

Grundsätzlich besteht eine Farbe aus Farbstoffen und Bindemitteln, denen Lösungsmittel und Zusatzstoffe beigefügt werden können.

Farbstoffe (Pigmente)

Farbe wird in der Regel durch pulverförmige Farbstoffe (Pigmente) erzeugt. Diese können sein:

- *Organisch: Eine Substanz, die Kohlenstoff enthält. Kohlenstoffverbindungen bilden die Grundsubstanz aller lebenden Organismen und ihrer Überreste, also auch von Erdöl und anderen fossilen Brennstoffen.*

- *Anorganisch: Eine Substanz, die aus anderen Elementen besteht, wie Mineralien, Metalle und Silikate.*
- *Natürlich: Eine Substanz, die durch die natürlichen Prozesse der Erde entstanden ist.*
- *Synthetisch: Eine Substanz, die durch menschliche Erfindung geschaffen wurde, wobei gewöhnlich mehrere Komponenten miteinander kombiniert werden, um besonders wünschenswerte Eigenschaften natürlicher Stoffe nachzuahmen.*

Beispiele für natürliche organische Farbstoffe sind Pflanzen- und Insektenfarben wie das Rot aus der Färberröte sowie Rot aus einer mexikanischen Schildlaus. Alizarin, das vorherrschende Pigment der Wurzel der Färberröte, wurde 1868 erstmals synthetisch hergestellt. Die Farbe, die man aus der Wurzel der Färberröte selbst gewinnen kann, besteht nicht nur aus Alizarin, sondern aus vielen weiteren Pigmenten mit blauen oder gelben Farbtönen, was darauf hinweist, dass in der Natur keine reinen Farben vorkommen, sondern feine Kombinationen und Übergänge, die gewöhnlich als harmonisch empfunden werden. Diese natürlichen Pigmente sind zwar rein und durchscheinend, aber oft nicht lichtecht und verblassen mit der Zeit.

Beispiele für natürliche anorganische Farbstoffe sind die Erdfarben (meist Eisenoxide, die im Lehm enthalten sind) und mineralische Farbstoffe in Gesteinen und Kristallen. Sie werden abgebaut und gebrannt, um verschiedene Farbtöne zu erzielen. Es ist schwierig, aus natürlichen Erden und Mineralien reine Farben zu gewinnen, weil sie in sehr unterschiedlichen Farbtönen vorkommen. Infolge ihrer kristallinen Struktur reflektieren sie das Licht und verleihen so dem Anstrich Lebendigkeit und Tiefe.

Eine Reihe von Pigmenten, die in synthetischen Farben verwendet werden, enthalten Schwermetalle wie z.B. Chrom. Früher wurden auch natürliche Farbstoffe auf der Basis von Arsen und Blei bei der Farbherstellung verwendet. Dies zeigt, dass „natürlich" nicht unbedingt „ungiftig" ist. Immerhin sind einige der stärksten Gifte natürliche Substanzen.
Die synthetischen organischen Farben sind durchweg Produkte der petrochemischen Industrie. Die synthetischen Farben, die es seit 1771 gibt, sind viel kräftiger, lichtechter, billiger herzustellen und gleichmäßiger im Farbton als die Stoffe, die in der Natur vorkommen.

Wir wählen den Farbton heute gewöhnlich nur danach aus, was zum Raum und zu den Möbeln passt. Früher dagegen war man der Auffassung, dass die verschiedenen Farben etwas aussagten, eine symbolische Bedeutung hatten. Man hat Gräber gefunden, in denen die Toten rituell bemalt waren, oder wo ihnen ein Klumpen Farbstoff beigegeben war. Für die alten Ägypter symbolisierte Gelb die Macht. Später zeigte der goldgelbe Heiligenschein auf christlichen Bildern die Heiligkeit des Dargestellten. Im Westen ist Weiß die Farbe der Unschuld, während es in China den Tod bedeutet. Rot wird mit Blut, der Lebenskraft, mit vitaler, aktiver Energie assoziiert. Das Wort Hämatit (Bezeichnung für rote Eisenoxide) kommt von dem griechischen Wort haima = Blut.

Pigmente können nicht nur färben, sondern auch decken. Das am weitesten verbreitete deckende Pigment ist Titandioxid.

Ein Stück Bleierz aus Dumfriesshire, Schottland

Oben: Bienenwachs wird seit Jahrtausenden benutzt, um schöne Oberflächen zu schaffen.

Unten: Lapislazuli wird zu einem blauen Pigment vermahlen.

Es ist ein teures, aber äußerst deckendes, und deshalb hochgeschätztes, weißes Pigment. Titandioxid kommt in natürlichen Mineralien vor, die aufgrund ihres Gehaltes an Eisenoxid eine gelbbraune Farbe haben.

Die Herstellung von reinem Titanoxid verbraucht sehr viel Energie und gilt auch als umweltbelastend wegen der eingesetzten Salzsäure und des anfallenden Eisenoxids. Das Einatmen von Titanoxid in Pulverform ist gesundheitlich bedenklich, weshalb beim Abschleifen von alter Farbe grundsätzlich ein Mundschutz getragen werden sollte.

Billigere, nichtdeckende Pigmente oder Streckmittel werden benutzt, um die Lücken zwischen den kostbareren Pigmenten zu füllen. Solche Streckmittel können z.B. Kreide, Talkum oder Tonerde sein.

Pigmente haben auch Auswirkungen auf die Eigenschaften des Anstrichmittels, wie Fließverhalten und Filmbildung. Art und Menge des eingesetzten Pigments entscheiden darüber, ob die Oberfläche eher matt oder glänzend wird. Im Allgemeinen gilt, dass matte Farbe zu einem hohen Anteil aus Pigment besteht (z.B. aus 70% Pigment und 30% Bindemittel). Beim Trocknen verbleibt viel Pigment an der Oberfläche, was den Anstrich matt erscheinen lässt.

Kleines Bild:
Aus der Pflanze Färber-Waid kann man ebenfalls blaue Farbe gewinnen.

Links: Bleierz aus Dumfriesshire, Schottland
Oben: Die moderne Farbenfabrikation verursacht erhebliche Umweltbelastungen.

Im Vergleich dazu hat Glanzlack wenig Pigment (z.B. 20%) und viel Bindemittel (z.B. 80%), wodurch beim Trocknen das Bindemittel an der Oberfläche vorherrscht, was den Anstrich glänzender und dauerhafter macht.

Bindemittel

Bindemittel ist das Medium, in dem das Pigment verteilt ist. In flüssiger Form ist es der Träger für die Farbstoffe während des Aufbringens, im getrockneten Zustand hält es die Farbstoffe als Kleber fest. Es gibt verschiedene Arten von Bindemitteln, synthetische und natürliche, und jedes verleiht dem Anstrich unterschiedliche Eigenschaften.

Jedes Bindemittel kann in reiner Form oder kombiniert eingesetzt werden.

Synthetische Bindemittel

Seit fast einem Jahrhundert wird eine Gruppe von Alkydharzen verwendet, die aus synthetisch veränderten Pflanzenölen gewonnen werden. Andere synthetische Bindemittel wie Polyvinylacetat und Acryl entstehen als Nebenprodukte beim Raffinieren von Erdöl und sind somit relativ neue Entwicklungen.

Erdöl ist ein Naturprodukt. Es hat sich in 600 Millionen Jahren aus verwesenden Pflanzen- und Tierresten gebildet und wird wegen seiner langsamen Entstehung als kostbarer und nicht erneuerbarer Rohstoff angesehen.

Wie schon beschrieben, hat dieser fossile Brennstoff wesentlich zu unserer technischen und industriellen Entwicklung beigetragen. Bei dem gegenwärtigen Verbrauch wird jedoch geschätzt, dass die Vorräte in etwa 50 Jahren erschöpft sein werden.

Erdöl besteht hauptsächlich aus einer Mischung von Kohlenwasserstoffen. Verschiedene Verfahren in der Erdölraffinerie trennen die Bestandteile voneinander.

Das erste Verfahren heißt fraktionierte Destillation. Die Dämpfe der verschiedenen Bestandteile des erhitzten Erdöls kondensieren temperaturabhängig an den Kollektoren in unterschiedlicher Höhe des Fraktionierturms, wodurch sie getrennt werden.

Die leichteren Bestandteile, vor allem Benzin, sind am gefragtesten. Daher werden die schweren Kohlenwasserstoffe in einem zweiten Schritt durch Hitze, Druck und Katalysatoren weiter aufgebrochen. Diese Verfahren erfordern einen gewaltigen Energieeinsatz und hinterlassen unerwünschte Abfallprodukte.

So können bei der Herstellung eines Eimers Farbe zwischen zehn und dreißig Eimer Abfallstoffe entstehen.

Erdöl belastet auf vielerlei Weise die Umwelt, bei der Förderung, bei der Raffination, beim Transport und durch schlecht abbaubare oder giftige Endprodukte.

Natürliche Bindemittel

Natürliche Bindemittel sind seit Tausenden von Jahren in Gebrauch. Zu ihnen gehören Pflanzenöle, Harze, Latex, Kasein, Milch, Eier, Zellulose und tierischer Leim.

Pflanzliche Bindemittel sind Rohstoffe, die ständig nachwachsen und in sehr großer Menge zur Verfügung stehen.

Jedes Jahr bilden sich 170 Milliarden Tonnen Biomasse neu. Energiequelle ist das Sonnenlicht; die Rohstoffe für die Umwandlung in pflanzliche Stoffe sind Wasser und Kohlendioxid.

Somit können die Ausgangsstoffe für Bindemittel umweltfreundlich erzeugt werden, z.B. ohne Mineraldünger und Pestizide, indem man sich auf die Bodenfruchtbarkeit und gesunde Wachstumsbedingungen verläßt.

Manche Harze lassen sich auf schonende Weise gewinnen, wobei die Gewinnung gleichzeitig der einheimische Bevölkerung Arbeit gibt. Die Produktion von Dammarharz beispielsweise, einem Bindemittel für Naturfarben, hat bereits geholfen, einen Teil des tropischen Regenwaldes auf der Insel Sumatra zu erhalten und das Einkommen der dort lebenden Menschen zu sichern.

Die Bäume brauchen zur Gewinnung des Harzes nicht gefällt zu werden. Dammar ist also ein nachwachsender Rohstoff, seine Gewinnung bietet eine funktionierende Alternative zur Vermarktung von Tropenholz durch Zerstörung des Regenwaldes.

In Vietnam ist das Anzapfen der Kiefern zur Gewinnung des Harzes oft Frauenarbeit. Dies bringt nicht nur ein Einkommen für sie, sondern verhindert auch, dass die Kiefernpflanzungen für die Brennholzbeschaffung gerodet werden. Insgesamt wäre eine wachsende Nachfrage nach erneuerbaren Rohstoffen eine Unterstützung für manche Entwicklungsländer, wobei sich die Gefahr der Ausbeutung durch fairen Handel verhindern läßt.

Einige der Firmen, die Naturfarben herstellen, erwägen den Anbau von Pflanzenrohstoffen in großem Maßstab. Zukunftsfähige Alternativen zu unserer gegenwärtigen Abhängigkeit von einer zu Ende gehenden Rohstoffquelle könnten auch unsere eigene Landwirtschaft wieder beleben.

Eine dieser Firmen finanziert Forschung, um es Landwirten zu ermöglichen, traditionelle Färberpflanzen nicht nur anzubauen, sondern sie schon vor Ort weiter zu verarbeiten und auf diese Weise Transportkosten einzusparen.

Leinöl wird beispielsweise einfach aus den Leinsamen ausgepreßt. Zellulose, die meistverbreitete organische Zusammensetzung auf der Erde, erfordert schon mehr Energie zur Gewinnung und Raffination, andere natürliche Bindemittel werden noch aufwendiger erzeugt. Bei der Verarbeitung von Sojaöl zu Alkydharz wird beispielsweise der Rohstoff in kleinere Moleküle aufgebrochen.

Auch bei der Herstellung von Naturfarben fallen zwangsläufig Abfallstoffe an, aber im Gegensatz zu der Herstellung synthetischer Farben sind diese biologisch abbaubar. Im Lauf von Jahrmillionen hat die Natur es gelernt, natürliche Abfallstoffe wieder in den ökologischen Kreislauf zurückzuführen. Für jede in der Natur vorkommende Verbindung steht ein Enzym zur Verfügung, das sie wieder zerlegen und zersetzen kann. Solange wir nicht zu sehr in die Naturprozesse eingreifen, indem wir die Materialien so verändern, dass sie nicht mehr von der Natur erkannt werden können, funktioniert das geschlossene ökologische System.

Harzgewinnung

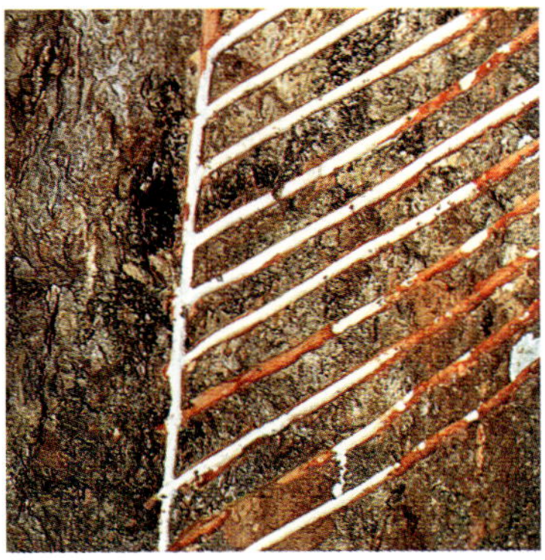

	Synthetisch	Natürlich
Produktion	Nicht nachhaltig, weil der Rohstoff zu Ende geht und nicht erneuerbar ist	Nachhaltig, da der Rohstoff entweder reichlich vorhanden ist oder nachwächst
Energie	Hoher Energieeinsatz bei der Gewinnung und Verarbeitung des Rohstoffs	Niedriger Energieeinsatz bei der Gewinnung und Verarbeitung des Rohstoffs
Abfallprodukte	Diese und die Endprodukte werden von der Natur nicht erkannt und können daher nicht mehr absorbiert werden	Diese und die Endprodukte sind biologisch abbaubar, das beim Abbau entstehende Kohlendioxid und das Wasser werden wieder von den Pflanzen absorbiert

Lösungsmittel

Lösungsmittel bzw. Verdünnungsmittel werden dem Gemisch aus Pigmenten und Bindemittel zugefügt, um eine gebrauchsfähige Konsistenz einzustellen. Beispiele für synthetische Lösungsmittel sind Spiritus, isoaliphatische Kohlenwasserstoffe und Terpentinersatz. Beispiele für natürliche Lösungsmittel sind Terpentin, Pflanzenalkohol und Orangenschalenöl.

Alle aufgeführten Lösungsmittel sind flüchtig, (d.h. sie verdunsten leicht bei Zimmertemperatur), und alle enthalten Kohlenwasserstoffe. Man zählt sie deshalb zu den flüchtigen Kohlenwasserstoffen. Flüchtige Kohlenwasserstoffe bergen sowohl für die menschliche Gesundheit als auch für die Umwelt Gefahren.

Im Allgemeinen sind synthetische flüchtige Kohlenwasserstoffe jedoch schädlicher als natürliche.

Die Gefahren der synthetischen flüchtigen Kohlenwasserstoffe

Viele kennen den Geruch von frischer Farbe und haben vielleicht bemerkt, dass Lackfarben oft besonders stark riechen. Sie enthalten nämlich meist einen sehr hohen Anteil an Lösungsmitteln. Von manchen Lacken wird bei geöffneter Dose bis zu zwei Drittel des Inhalts verdunsten.

Die begleitenden Symptome wie Kopfschmerzen, Schwindel, Abgeschlagenheit, Benommenheit usw., die beim häuslichen Streichen der Wohnung auftreten können, sind noch relativ harmlos im Vergleich zu den ernsten Konsequenzen für alle diejenigen, die beruflich ständig diesen Dämpfen ausgesetzt sind.

Der Beauftragte für Berufskrankheiten bei der Gewerkschaft der Maler und Dekorateure in Australien schuf die Bezeichnung „Malersyndrom" für die Wirkungen, welche die Lösungsmittel in synthetischen Farben bei Menschen auslösen, die ihnen mittel- und langfristig ausgesetzt sind. Die Lösungsmittel werden sowohl durch die Haut als auch durch die Lungen aufgenommen; Asthma, Emphysem, Dermatitis und Gedächtnisverlust sind mögliche Folgen.

In den Vereinigten Staaten machten die Berater für Umweltgesundheit den Nationalen Industrieverband für Farben und Anstriche darauf aufmerksam, dass bei Malern Lungen- und Blasenkrebs signifikant häufiger auftreten als bei der übrigen Bevölkerung. Diese Befunde wurden durch die International Agency for Research on Cancer (IARC) der Weltgesundheitsorganisation bestätigt, eine Institution, die federführend für die Einschätzung des krebserzeugenden Potentials von Chemikalien gilt. Sie stufte 1989 das Malerhandwerk als Beruf mit hohem Krebsrisiko ein.

Wer dann und wann seine Wohnräume streicht, ist natürlich nicht diesen hohen Dosen an Lösungsmitteln ausgesetzt. Unser Körper wird gewöhnlich recht gut mit niedrigen Giftmengen fertig. Allerdings leidet eine wachsende Zahl von Menschen an Asthma und Chemikalienüberempfindlichkeit, wobei die Symptome durch Farbdämpfe ausgelöst oder verschlimmert werden können.

Bedenklich ist in diesem Fall nicht nur der kurzzeitige Aufenthalt in frischgestrichenen Räumen; geringe Mengen flüchtiger Kohlenwasserstoffe können bis zu fünf Jahre nach dem Anstrich entweichen!

Doch Farbe ist nicht die einzige Quelle potentieller Schäden. Neuere und renovierte Gebäude und ihre Einrichtung können flüchtige Kohlenwasserstoffe wie Formaldehyd abgeben, das nicht zu den Lösungsmitteln zählt. Das amerikanische Umweltamt schätzt, dass in den USA die

Luftverschmutzung in Gebäuden jährlich 11.000 Todesfälle durch Krebs, Nierenversagen und Erkrankungen der Atemwege verursacht.

Mehrere Länder haben inzwischen die Anteile von flüchtigen Kohlenwasserstoffen in Farben gesetzlich eingeschränkt. Einige der großen Hersteller synthetischer Farben reagierten darauf und auf die Veränderungen am Markt, indem sie nun Farben mit geringem Anteil oder ganz ohne flüchtige Kohlenwasserstoffe anbieten. Dies ist sicherlich ein Schritt in die richtige Richtung, aber es besteht die Gefahr, dass der Verbraucher in Sicherheit gewiegt wird, obwohl die Risiken durch andere Zusätze und durch die Verwendung synthetischer Stoffe überhaupt nicht kleiner geworden sind.

Flüchtige Kohlenwasserstoffe haben auch Auswirkungen auf die äußere Umwelt. Sie reagieren in der Atmosphäre mit anderen Schadstoffen. Eine bekannte Folge davon ist die Entstehung von Smog. Die begrüßenswerte Gesetzgebung zur Verringerung der flüchtigen Kohlenwasserstoffe betrifft nur ihre Emission in die Atmosphäre, während andere flüchtige Kohlenwasserstoffe nicht unter diese Bestimmungen fallen, obwohl sie, wie das Formaldehyd, bekannte Krebserreger sind.

Schließlich dürfen wir die globalen Auswirkungen der Freisetzung von synthetischen flüchtigen Kohlenwasserstoffen in die Atmosphäre nicht außer Acht lassen. Synthetische Lösungsmittel werden zum größten Teil aus fossilen Brennstoffen hergestellt, stammen also aus Pflanzen, die vor Jahrmillionen starben.
Das bedeutet, dass die Pflanzen, welche die freigesetzten Kohlenstoffverbindungen wieder absorbieren könnten, nicht mehr existieren. Es handelt sich also um eine Einbahnstraße, die den Naturgesetzen des geschlossenen ökologischen Kreislaufs widerspricht.

Gefahren der natürlichen flüchtigen Kohlenwasserstoffe

Die Gesetzgebung bezüglich der flüchtigen Kohlenwasserstoffe hat sich auch auf die Herstellung von Naturfarben ausgewirkt, da natürliche Lösungsmittel ebenfalls flüchtig sind, einige davon sogar giftig. Terpentinöl, das aus Kiefernharz destilliert wird, reizt zum Beispiel die Haut, die Augen, die Schleimhäute und die oberen Atemwege. Es kann außerdem auch das Zentralnervensystem schädigen und zu Infektionen des Magen-Darmtrakts und der Harnwege führen.

Deshalb sollte bei jeglichem Gebrauch von Lösungsmitteln unbedingt für eine ausreichende Lüftung gesorgt werden. Auch eine hohe Konzentration von Orangenschalenöl kann negative Auswirkungen haben, und viele Naturfarben enthalten aus diesem Grund stattdessen synthetische Isoaliphate. Mit anderen Worten: Nicht alle Bestandteile von Naturfarben sind automatisch ungiftig oder umweltfreundlich.

Vorteile von natürlichen flüchtigen Kohlenwasserstoffen

Der positive Aspekt von natürlichen flüchtigen Kohlenwasserstoffen besteht darin, dass die Kohlenstoffverbindungen, die sie abgeben, wieder von den Pflanzen absorbiert werden, aus denen sie stammen. Dieselben Pflanzen wachsen immer noch, absorbieren Kohlendioxid aus der Atmosphäre und geben gleichzeitig flüchtige Stoffe an die Atmosphäre ab. Deswegen duftet ein Kiefernwald zum Beispiel.

Bei diesem ausgeglichenen ökologischen Kreislauf wird nicht in die Naturprozesse eingegriffen.

Farben ohne flüchtige Kohlenwasserstoffe

Die Besorgnis über die schädlichen Wirkungen von Lösungsmitteln haben zum verstärkten Einsatz von Anstrichen auf Wasserbasis geführt. Dadurch wird natürlich auch die Abgabe von Lösungsmitteln in die Atmosphäre verringert. So hat die Industrie Farben auf Wasserbasis entwickelt, die überhaupt keine Lösungsmittel enthalten. Durch den verstärkten Einsatz von Zusatzstoffen wie Detergentien, Schaumbremser und Emulgatoren sind dadurch jedoch manche Farbrezepturen vor allem komplizierter geworden, wobei auch diese Farben noch immer nicht als harmlos gelten können.

Ein Vorteil von Farben auf Wasserbasis besteht darin, dass die Pinsel statt mit Lösungsmittel einfach unter fließendem Wasser ausgewaschen werden können.

Da dies allerdings wiederum unsere Kläranlagen belastet, ist es besser, so viel Farbe wie möglich mit altem Zeitungspapier vom Pinsel abzuwischen und nur die letzten Reste auszuwaschen. Es wird auch empfohlen, überschüssige Naturfarbe trocknen zu lassen und sie dann auf dem Komposthaufen zu entsorgen.

Von oben nach unten: Sonnenblumen, Flachs und Mohn liefern Öl – und wachsen nach.
Blei ist ein natürlicher und dennoch giftiger Bestandteil mancher Farben.
Aus der Pflanze Färber-Wau wird auch heute noch gelbes Pigment hergestellt.

Zusatzstoffe

Würden die Hersteller von synthetischen Farben die Zusätze auf dem Etikett auflisten, käme eine Reihe nichtentzifferbarer E-Nummern zusammen, ähnlich wie auf den Etiketten von Fertignahrung. Als die E-Nummern auftauchten, löste die Vielzahl von Zusatzstoffen in unseren Nahrungsmitteln große Besorgnis aus. Die Verbraucher übten daraufhin Druck auf die Hersteller aus, Nahrungsmittel mit weniger Zusatzstoffen anzubieten.

Ebenso haben wir ein Recht darauf, zu erfahren, was die Farben enthalten, die wir im Haus verwenden. Die meisten Naturfarben-Hersteller führen die Inhaltsstoffe auf dem Etikett bzw. auf dem Blatt mit der Volldeklaration auf. Die Hersteller von synthetischen Farben teilen die Inhaltsstoffe in der Regel nur auf Anfrage mit. Mehr öffentlicher Druck auf die Hersteller könnte sie zwingen, die Inhaltsstoffe genau aufzuführen und dann vielleicht auch ungefährlichere Farben zu produzieren.

Gebräuchliche Zusatzstoffe sind:

- *Verdickungsmittel*
- *Tenside zur Verminderung der Oberflächenspannung von Flüssigkeiten*
- *Schaumbremser*
- *Trockenstoffe, die das Trocknen der Farbe durch verstärkte Oxidation und Polymerisierung unterstützen. Deren Verwendung ist allerdings auch in Naturfarben bedenklich, da sie beim Abschleifen als Staub eingeatmet werden können.*
- *Biozide, die giftige Konservierungsmittel und Schimmelverhüter enthalten, um lebende Organismen abzutöten. Manche Naturfarben haben eine kürzere Haltbarkeit, weil sie ungefährliche Alternativstoffe enthalten.*
- *Weichmacher, die verhindern sollen, dass getrocknete Farbe brüchig wird. Sie werden zum Beispiel Vinylemulsionen zugesetzt. Die dazu gehörenden Phthalate stehen im Verdacht, den Hormonhaushalt zu stören.*
- *Filmbildner, die synthetischen Emulsionsfarben zur Unterstützung der Filmbildung zugefügt sein können. Sie sind besonders unangenehm und giftig.*

Gebrauchseigenschaften

Naturfarben für Holz und Metall

Sie trocknen langsamer als die synthetischen Farben für Holz und Metall, weil die Trocknung auf natürlichen Vorgängen wie Verdunstung, Oxidation und Polymerisation beruht, und deshalb mehr Zeit und Sorgfalt in Anspruch nimmt.

Farben, die Leinöl enthalten, trocknen so langsam, dass die Farbe tief in die Poren des Holzes eindringen kann und sich innig mit dem Holz verbindet, statt einfach nur auf der Oberfläche zu liegen. Farben auf Pflanzenbasis bleiben oft über Jahre hinweg elastisch und bewegen sich mit dem Holz. Deswegen lösen sich diese Farben nicht so leicht ab, wenn sie sachgemäß aufgebracht sind.

Synthetische Farben für Holz und Metall

Diese enthalten im Allgemeinen Zusätze, durch die das Produkt schnell und leicht anzuwenden ist. Die Farbe ist einfach zu verstreichen und bildet beim Trocknen einen harten, glatten Film, der aber zu Rissbildung neigt, besonders auf Holz.

Natürliche Wandfarben

Leimfarben und Kaseinfarben haben den Naturfarben den Ruf eingebracht, nicht so gut abwaschbar zu sein wie synthetische Wasserfarben. Die Eigenschaften der modernen ökologischen Emulsionsfarben sind seit den Anfängen in den siebziger Jahren erheblich verbessert worden, so dass es inzwischen Wandfarben mit natürlichen Bestandteilen zu kaufen gibt, die nicht nur abwaschbar sind, sondern sogar geschrubbt werden können. Es gilt aber immer im Auge zu behalten, dass normalerweise wirklich nicht alle Bereiche einer Wohnung abwaschbar sein müssen.

Synthetische Wandfarben

Hier werden petrochemische Bindemittel eingesetzt, welche die Eigenschaften von synthetischen Fasern und Kunststoffen haben. Dadurch sind sie robust und dauerhaft, aber die Oberflächen laden sich auch leicht elektrostatisch auf und sind dann Staubfänger.

Natürliche Deckanstriche

Die langfristige Wirtschaftlichkeit natürlicher Produkte wird bei der Wartung von Fußböden und Holz im Außenbereich besonders deutlich. Denn wenn ein neuer Anstrich nötig ist, braucht der alte Naturfarbenanstrich nicht völlig entfernt werden. Der alte Anstrich muß lediglich gesäubert und leicht abgeschliffen werden, bevor der neue aufgebracht wird.

Natürliche Anstriche sind feinporig und diffusionsfähig. Das bedeutet, dass die Feuchtigkeit im Holz durch die Farbschicht entweichen kann.

Synthetische Deckanstriche

Diese neigen dazu, das darunter liegende Material abzusperren, sodass die eingedrungene Feuchtigkeit entweder irgendwann im Farbanstrich Blasen wirft, oder sie bleibt eingesperrt und kann Schimmelbildung und Fäulnis hervorrufen.

Feuchtigkeitsundurchlässige Anstriche sind nutzlos, wenn das Material darunter verrottet.

Der tatsächliche Preis von Farben

Naturprodukte stehen im Ruf, teuer zu sein. Das trifft nicht auf alle Naturfarben zu, aber ein Grund dafür, warum die meisten teurer sind als synthetische Farben, liegt in der geringeren Produktion. In Zukunft ist jedoch eine steigende Nachfrage nach Produkten aus nachwachsenden Rohstoffen zu erwarten, und das trifft auch für natürliche Farben und Anstriche zu.

Übrigens: Es schadet sicherlich nicht, auf der Hut vor "schwarzen Schafen" zu sein,

Naturfarben können das Licht reflektieren, was eine lebendige Struktur erzeugt, die besonders gut für große, gleichmäßige Farbflächen geeignet ist.

die Situation für unlautere Gewinne mißbrauchen könnten ...

Synthetische Produkte, und dazu gehören auch Farben, können krank machen. Firmen, deren Arbeitsräume viele synthetische Produkte enthalten, verzeichnen häufig einen höheren Krankenstand als Firmen, deren Räume mit naturnahen Materialien ausgestattet sind. Synthetische Farben sind zwar auf den ersten Blick billiger als Naturfarben, aber nur, wenn man nicht die Krankheitskosten und Gelder einkalkuliert, die für die Erforschung von Behandlungsmöglichkeiten bei Krebs, Asthma, Allergien und anderen Krankheiten aufgebracht werden müssen, die zum großen Teil von chemischen Stoffen verursacht werden können. Bei Berücksichtigung solcher Faktoren ist die Vorbeugung (Naturfarben verwenden) billiger und besser als die (nachträgliche) Heilung.

Manche Menschen entscheiden sich für Naturfarben, weil sie ihren persönlichen Beitrag dazu leisten wollen, unseren Planeten zu schonen. Andere, die sehr empfindlich gegenüber chemischen Stoffen sind und schadstoffreie und gesunde Wohn- und Arbeitsräume brauchen, tun dies aus reiner Notwendigkeit.

Eine Entscheidung treffen

Aus dem großen Angebot von natürlichen Farben, die heute zur Verfügung stehen, kann jeder Verbraucher seine Wahl treffen, indem er entscheidet, welche Priorität er setzen will, und welche Kompromisse er einzugehen bereit ist. Die folgende Liste kann als Entscheidungshilfe dienen, wobei die Anstrichmittel in der Reihenfolge ihrer Schädlichkeit aufgeführt sind:

- *Kalktünche, Leimfarbe, Kaseinfarbe*
- *Pflanzen- und Mineralfarben auf Wasserbasis*
- *Pflanzen- und Mineralfarben mit Lösungsmitteln*
- *Synthetische Farben auf Wasserbasis*
- *Synthetische Farben mit Lösungsmitteln*

Die Wahl hängt auch davon ab, für welche Räume der Anstrich gedacht ist. Wenn dauerhafte und wartungsarme Anstriche gewünscht werden, sind die einfachsten der herkömmlichen Anstrichmittel oben auf der Liste weniger geeignet (siehe auch Kapitel 6).

Welches Anstrichmittel auch gewählt wird, in jedem Fall ist es nützlich, die Informationen auf den Etiketten zu lesen, bzw. nach den genauen Inhaltsstoffen zu fragen. Die Kenntnis aller Inhaltsstoffe ist besonders dann wichtig, wenn man unter Allergien leidet oder wenn man als Vegetarier oder Veganer bestimmte Inhaltsstoffe meiden will (siehe die Beschreibung von Inhaltsstoffen im Anhang).

Manchmal ist es auch nötig, selbst Kompromisse einzugehen. Wer zum Beispiel einen bestimmten Farbton erzielen möchte, der mit natürlichen Pigmenten nicht zu erreichen ist, kann den Naturfarben synthetische Pigmente beimischen. Oder man kann als starkes Bindemittel eine kleine Menge synthetisches Acrylharz einsetzen.

Es ist zu hoffen, dass das Bestreben der Naturfarbenhersteller, ungefährliche und zukunftsfähige Anstrichstoffe zu entwickeln, eines Tages solche Kompromisse überflüssig machen wird.

Gängige Bezeichnungen bei der Deklaration von Farbinhaltsstoffen

Ohne (chlorierte) Kohlenwasserstoffe
Wie gesagt, dies ist ein erster Schritt in die richtige Richtung.

Organisch
Einige Farbhersteller verwenden Produkte aus organischem Anbau. Doch schließt der Ausdruck „organisch" in weiterem Sinne auch Erzeugnisse der Petrochemie ein, da Erdöl aus Kohlenstoffverbindungen besteht.

Traditionelle Farben
Streng genommen handelt es sich um Leimfarben, Leinölfarben und Kalktünche. Es können aber auch moderne Abwandlungen dieser Farben sein. Deklaration beachten.

Traditionelle Farbstoffe
Dies können auch synthetische Imitationen von ursprünglich natürlichen Pigmenten sein.

Oben: Natürliche Pigmente für die Farbenherstellu
Rechts: Stahlwolle und Schmirgelpap
sind für manche Arbeiten sehr nützli

REZEPTUREN FÜR ANSTRICHE

Die folgenden Rezepturen enthalten einfache Zusammenstellungen gängiger Rohstoffe, die in vielen Haushalten bereits vorhanden sein dürften. Was fehlt, kann über den Fachhandel bezogen werden.
Nach einer Einführung in die Ausgangsmaterialien mit Hinweisen zum Gebrauch folgen die jeweiligen Rezepturen. Diese sind nicht als starre Rezepte zu verstehen, sondern können abgewandelt werden, je nach örtlichen Gegebenheiten und den Materialien, die zur Verfügung stehen. Wie bei Kochrezepten sind in den Rezepturen die Zutaten und ihre Mengen angegeben, die aber nach persönlichem Geschmack variiert werden können. Viel Vergnügen beim Experimentieren!
Es ist sehr zu empfehlen, die verwendeten Rohstoffe und die Mischungsverhältnisse aufzuschreiben, um die gleiche Farbe später einmal wieder herstellen zu können.

Die Zutaten

Schlämmkreide

Die Schlämmkreide wird in eine Schüssel oder in einen Eimer gegeben und mit kaltem Wasser übergossen, bis sie bedeckt ist.

Die Schlämme verquirlen, um Klumpen zu entfernen und um das Pulver gleichmäßig und gründlich mit dem Wasser zu vermischen.

Über Nacht stehen lassen, nicht umrühren. Am nächsten Tag ist die Schlämmkreide aufgequollen und hat sich nach unten abgesetzt. Das klare Wasser, das darüber steht, abgießen oder abschöpfen. Sicherheitshinweis: Mundschutz tragen!

Naturpigmente

Auch hier ist es wichtig, das Farbpulver gleichmäßig und gründlich mit Wasser zu vermischen, wobei grobkörniges Pigment vorher in einem Mörser fein zerstoßen wird. Das Pigment wird in einer Schüssel mit kaltem Wasser angerührt, bis sich eine glatte, dünnflüssige Paste bildet, die über Nacht ruhen sollte (ganz wichtig bei Rezepturen auf Wasserbasis). Durch das Zerkleinern der Pigmente und das Einsumpfen lässt sich verhindern, dass beim Aufbringen auf die Wand noch trockene Pigmentklumpen auftauchen.

Manche Pigmente vermischen sich schlecht mit Wasser, sollte dies der Fall sein, so kann man etwas Alkohol, z.B. Wodka oder Spiritus beigeben. Glimmerpigmente brauchen nicht eingesumpft zu werden. Sicherheitshinweis: Mundschutz tragen!

Linke Seite: Französische Kreide.
Links und oben: Glimmerpigmente

Erd- und Mineralpigmente

Die Farben der Erdpigmente unterscheiden sich je nach Zusammensetzung der Erde, aus der sie stammen.

Sie bestehen überwiegend aus Tonerde mit unterschiedlichen Anteilen von Eisenoxid, Mangan und anderen Mineralien, die den jeweiligen Farbton bestimmen. Weitere Farben lassen sich durch Brennen erzeugen.

Als Anhaltspunkt: Grüne Erdpigmente färben gewöhnlich nur schwach, während die meisten anderen natürlichen Erdpigmente wie Ocker, Sienaerde und Umbra mittlere Färbekraft haben. Umbra und Ocker decken recht gut, durch ihren hohen Anteil an Tonerde kann die Farbe aber ziemlich dick werden. Im Vergleich dazu ist die Sienaerde transparenter. Rotes Eisenoxid wiederum ist ein stark färbendes Pigment.

Weiße Pigmente werden aus Titandioxid und Zinkoxid hergestellt. Sowohl Ultramarinblau (ein kräftiges Färbemittel) wie auch Ultramarinrot (weniger kräftig) werden durch Brennen aus Alumosilikaten (Feldspat) mit Schwefel hergestellt.

Chromoxid ergibt ein grünes Pigment, Manganviolett färbt sehr kräftig, Ultramarinviolett ist schwächer.

Früher wurden Kristalle oder Edelsteine wie z.B. Lapislazuli fein zermahlen, um blaue, grüne oder violette Pigmente zu erhalten. Solche Pigmente sind so teuer, dass an ihrer Stelle heute normalerweise synthetisch erzeugte verwendet werden.

Pflanzen- und Insektenfarben

Cochinelle ist ein roter Farbstoff, der aus getrockneten Schildläusen gewonnen wird, die an Opuntien (eine Kaktusart) leben. Darüber hinaus gibt es zarte, lichtempfindliche, echte Pflanzenfarben, z.B. aus der Kesublüte (orange), der Krappwurzel (rot), der Färberröte (rot und braun), dem Färber-Wau (gelb), dem Färber-Waid und Indigo (blau).

Linke Seite: Öle (von oben im Uhrzeigersinn: Tungöl, Mohnöl, Sonnenblumenöl und Leinöl).
Rechts: Öle bringen die natürliche Schönheit von Holzböden zur Geltung.

Glimmerpigmente

Diese feinen Körnchen, Abfallprodukte der Metallindustrie, ergeben phantastische gold-, bronze- oder silberfarbene Metallic-Effekte.

Experimentieren mit Pigmenten

Wer mit den Rezepturen experimentiert, wird entdecken, dass die Eigenschaften der Pigmente sehr unterschiedlich sind. Einige sind besonders gut deckend, einige färben sehr intensiv, andere schwächer, wieder andere trocknen das Bindemittel oder absorbieren besonders viel Öl. Aus diesen Gründen ist ein Probeanstrich vorher sehr zu empfehlen. Als Untergrund für die Probe kann ein Stück dicker Karton, eine Gipsplatte oder eine unauffällige Stelle der Wand dienen.

So bekommt man ein Gefühl dafür, wie sich die Farben verhalten. Boraxkaseinfarben und Kalkfarben sehen z.B. beim Anstrich zunächst durchscheinend aus, decken aber dann beim Trocknen. Außerdem wird die Farbe beim Trocknen heller.

Die Probe zeigt auch, ob die Anteile von Bindemittel, Schlämmkreide und Pigment stimmen. Ist der Anteil an Schlämmkreide oder Pigment zu groß, kreidet die Farbe nach dem Trocknen (feiner Abrieb), wird zu viel Bindemittel dazugegeben, kann die trockene Farbe rissig werden oder abplatzen.

Öl und Wachs

Sicherheitshinweis: Alle Öle und Wachse sind brennbar. Deshalb sollten weder die Stoffe selbst noch Lappen oder Papier, die mit ihnen getränkt sind, in die Nähe von Zündquellen gelangen!

Getränkte Lappen und Papiere können sich manchmal sogar selbst entzünden, wenn sie zusammengeknüllt werden. Deswegen sollte man Papier nach Gebrauch am besten gleich verbrennen und Lappen, die wiederverwendet werden, erst in einem Eimer Wasser einweichen, bevor sie in heißem Wasser mit Waschmittel gereinigt werden.

BEESWAX

Links: Bienenwachs.
Oben: Terpentin und Orangenschalenöl.

Leinöl

Dieses nützliche Öl wird aus den Samen der Flachspflanze gepresst. Es ist das wichtigste natürliche Bindemittel für Farben, Beizen und Firnisse. Gekochtes Leinöl, dem Trockenstoffe zugesetzt sind (Leinölfirnis) und Leinöl-Standöl trocknen schneller als das unbehandelte Öl. Wenn in den folgenden Rezepturen von Öl gesprochen wird, so ist dieses veredelte Öl gemeint. Man kann aber auch Mohnöl, Sonnenblumenöl oder Tungöl verwenden.

Bienenwachs

Dies ist ein wertvolles, altbewährtes Mittel zur Oberflächenbehandlung von Holz.

Lösungsmittel

Orangenschalenöl und Terpentin sind pflanzliche Produkte, die als Lösungsmittel, zur Verdünnung und als Reiniger eingesetzt werden.

Sicherheitshinweis: Bei der Verwendung von Lösungsmitteln, auch bei den natürlichen, muss unbedingt für eine ausreichende Belüftung des Raumes gesorgt werden. Sie sind brennbar, daher gelten dieselben Sicherheitsvorkehrungen wie bei den Ölen und Wachsen.

Bindemittel

Die Bindemittel in den folgenden Rezepturen sind Kaseinpulver mit Borax, Zellulose-Leim, Glutinleim und Gummiarabikum.

Kalk

Sowohl Löschkalk als auch hydraulischer Kalk sind naturnahe und bewährte Materialien zum Bauen und für die Raumgestaltung. Im Kalkkreislauf wird Kalkstein (Calciumcarbonat) in einem Kalkofen gebrannt, wobei weisser, harter Branntkalk (Calciumoxid) entsteht und Kohlendioxid und Wasser entweichen. Wenn Branntkalk mit Wasser "gelöscht" wird, ist die Reaktion so heftig, dass das zugesetzte Wasser zu kochen beginnt. Durch das Ablöschen entsteht Löschkalk (Calciumhydroxid), der unter Luftabschluss aufbewahrt werden muss.

Hydraulischer Kalk wird aus verunreinigtem Kalkstein gebrannt und hat ähnliche Eigenschaften wie der reine Löschkalk, bindet jedoch unter Wasser ab.
Wird Kalkbrei der Luft ausgesetzt – zum Beispiel in Form von Kalktünche – nimmt er Kohlensäure auf und verwandelt sich wieder in Calziumcarbonat (Kalkstein). Ebenso erhärtet hydraulischer Kalk, indem er mit dem Wasser in der Kalkfarbe reagiert. Kalk wird seit Jahrtausenden verwendet. Kalkputze und Kalkanstriche sind elastisch, können Schadstoffe aus der Luft binden und haben desinfizierende Eigenschaften (deshalb kalkt der Bauer seine Ställe).
Sicherheitshinweise: Kalk ist ein stark ätzender alkalischer Stoff und muss mit Vorsicht behandelt werden. Haut und Augen sind mit Handschuhen und Schutzbrille zu schützen, Spritzer sofort gründlich abzuwaschen. Bei Verätzungen, insbesondere der Augen, sofort einen Arzt aufsuchen! Branntkalk bzw. Löschkalk darf nicht in den Mund gelangen oder gar geschluckt werden. Sollte dies doch geschehen, sofort den Mund gründlich mit Wasser ausspülen und viel Wasser trinken!

Falls eine größere Menge geschluckt wird, umgehend einen Arzt aufsuchen.

Zutaten aus der Küche

Die folgenden Zutaten, die in vielen Haushalten vorhanden sein dürften, sind für die Herstellung von Farben nützlich: Honig, Zitronensaft, Magermilch, Magerquark, Tee, Essig, Bier, Eier, Glyzerin.

Linke Seite und unten: Einige Geräte und Zutaten aus der Küche können auch zur Herstellung von natürlichen Farben verwendet werden.

Nützliches Werkzeug

- Waage
- Messbecher und andere Messgefäße
- Löffel aus Metall
- Eimer
- Schüsseln und Schalen
- Bohrmaschine mit Rührvorsatz verschiedener Größe
- Elektrisches Handrührgerät
- Sieb
- Durchlässiges Baumwolltuch
- Musselin
- Kochtopf
- Wasserbadtopf, auch Simmertopf genannt
- Breiter Pinsel (10 – 12,5 cm)
- Mittlerer Pinsel (5 – 7,5 cm)
- Maurerpinsel mit langen Borsten
- Künstlerpinsel
- Feste Bürste (z.B. Schuhbürste)
- Schablonierpinsel
- Flacher, schmaler Malerpinsel
- Flusenfreie Lappen
- Schwämmchen
- Großer Schwamm
- Stahlwolle oder feines Schmirgelpapier
- Topfkratzer
- Mörser und Stößel
- Schutzhandschuhe und Schutzbrille
- Mundschutz

Wandoberflächen

Wie gut Anstriche decken, welche Menge pro Quadratmeter Fläche gebraucht wird und wie viel Zeit sie zum Trocknen benötigen, ist auch von der Porosität und Saugfähigkeit der Oberfläche abhängig, auf die sie aufgebracht werden.

Ungestrichener Putz sowie Gipsplatten sind z.B. sehr porös und absorbierend; weniger saugfähig sind Wände, die schon mit einem Anstrich versehen sind. Nicht saugfähige Oberflächen sind solche mit glänzender Beschichtung wie z.B. Acryllack.

Die Angaben zu den Mengen und Trocknungszeiten in diesem Buch sind deshalb eher als Richtwerte zu betrachten.

Für alle im folgenden aufgeführten Anstriche sind saugfähige Untergründe nötig. Viele dieser Anstriche wurden früher von erfahrenen Handwerkern vor Ort zusammengemischt. Die Bestandteile und Mengen konnten dabei jeweils etwas variieren, je nachdem, was gerade verfügbar war und was sich erfahrungsgemäß für die jeweilige Situation am besten eignete.

Es ist immer angebracht, zuerst mit einer kleinen Anstrichmenge einen Probeanstrich auf einem Wandstück aufzutragen, bevor die ganze Wand gestrichen wird. Nachdem der ein- oder mehrmalige Farbauftrag ausreichend lang trocknen konnte, lässt sich leicht feststellen, ob der Anstrich in seiner Zusammensetzung geeignet ist und die fertige Oberfläche den Vorstellungen entspricht.

Oben: Manche Naturpigmente können mit Mörser und Stößel zerkleinert werden.
Rechts: Naturfarben schaffen im Schlafzimmer eine heitere und ruhige Atmosphäre.

Rezepturen für Wandfarben und Oberflächenmittel

QUARK

Getrockneter Magerquark ist der Ausgangsstoff für Kaseinfarbe. Man kann ihn im Supermarkt kaufen oder selbst mit zwei simplen Zutaten herstellen.

Zutaten

- **Saft einer Zitrone**
- **1 l Magermilch**

Diese Zutaten ergeben 500 g Magerquark

Herstellung

Die Milch in eine große Schüssel geben und den Zitronensaft hineinrühren. Über Nacht an einem warmen Ort gerinnen lassen.

Die Mischung am nächsten Tag durch ein durchlässiges Tuch gießen, das über einem Sieb ausgebreitet ist. Der Quark bleibt im Tuch, die Molke fließt ab.

Achtung: Wandfarben auf Kaseinbasis sind für Räume mit erhöhter Luftfeuchtigkeit nicht geeignet, da das Eiweiß unter Feuchteeinfluss von Mikroorganismen angegriffen werden kann.

Quark ist Grundbestandteil mehrerer Rezepturen für Naturfarben.

WANDFARBE AUF QUARKBASIS

Mit Magerquark als einem einfachen Bindemittel und Buntpigmenten kann eine dünne Farblasur für Wände und Holz hergestellt werden. Das schwache Bindemittel lässt die Farben und Eigenschaften von natürlichen Pigmenten stark durchscheinen.

Zutaten

- **250 g Magerquark**
- **2 gestrichene Esslöffel natürliches Pigment**
- **Wasser zum Verdünnen**

Diese Menge ist für eine Oberfläche von ca. 4 m^2 ausreichend.

Einsatz

Diese Wandfarbe eignet sich für saugfähige Wände im Innenbereich. Sie ist abriebfest, aber nicht abwaschbar.

Herstellung

Das Pigment mit etwas Wasser anrühren (siehe Seite 36). Den Magerquark in eine Schüssel geben, dann das eingesumpfte Pigment einrühren. Etwa 50 ml Wasser zufügen, bis eine streichfähige Konsistenz erreicht ist. Während des Streichens die Farbe immer wieder umrühren, da das Pigment sich leicht absetzt.

Verarbeitung

Dieses Anstrichmittel muß umgehend verarbeitet werden, da es sonst sauer wird und unangenehm riecht. Sobald der Anstrich getrocknet ist, verschwindet aber jeder Geruch.

Das Anstrichmittel gemäß der Anleitung (siehe Seite 102) aufbringen. Es trocknet in 1 bis 2 Stunden, je nach Wandoberfläche und Raumtemperatur.

Pinsel und sonstiges Werkzeug in warmem Seifenwasser auswaschen.

Achtung: Wandfarben auf Kaseinbasis sind für Räume mit erhöhter Luftfeuchtigkeit nicht geeignet, da das Eiweiß unter Feuchteeinfluss von Mikroorganismen angegriffen werden kann.

Wandfarbe auf Quarkbasis erzeugt eine zarte Farboberfläche, die für moderne wie auch für traditionelle Innenräume geeignet ist.

LASUR AUF QUARK-ÖLBASIS

Wird dem Quark Öl beifügt, genügt die Lasur höheren Ansprüchen, weil nachfolgende Anstriche die vorherigen nicht auflösen. Man kann hier viel experimentieren, wenn man die schönen Effekte entdeckt, die durch Übermalungen entstehen.

Zutaten

- **250 g Magerquark**
- **50 ml Leinölfirnis**
- **20 g natürliches Pigment**
- **Wasser zum Verdünnen**

Diese Menge ist für eine Oberfläche von ca. 4 m^2 ausreichend.

Einsatz

Die Lasur eignet sich für saugfähige Wände im Innenbereich. Sie kann trocken gewischt werden, ist aber nicht abwaschbar.

Diese Lasur ist sehr gut als Deckanstrich für Wände geeignet, die schon einen Anstrich aus Boraxkaseinfarbe (siehe Seite 56) haben, da diese ohne eine solche zusätzliche Lasur nicht wischfest sind.

Achtung: Wandfarben auf Kaseinbasis sind für Räume mit erhöhter Luftfeuchtigkeit nicht geeignet, da das Eiweiß unter Feuchteeinfluss von Mikroorganismen angegriffen werden kann.

Herstellung

Das Pigment mit Wasser anrühren (siehe Seite 36). Den Quark in eine Schüssel geben, dann mit einem elektrischen Rührgerät ständig rühren, während man das Öl sehr langsam eintröpfeln lässt. Das eingesumpfte Pigment zufügen. Die Mischung mit Wasser verdünnen, bis sie die Konsistenz einer Lasur hat.

Verarbeitung

Eine erste Lasurschicht mit einem großen Pinsel auftragen und zwei bis drei Stunden gut trocknen lassen. Dann eine weitere dünne Schicht darüber streichen. Wegen des Ölanteils benötigt diese Lasur bis zum völligen Durchtrocknen etwas Zeit.

Pinsel und sonstiges Werkzeug in warmem Seifenwasser auswaschen.

Lasuren auf Quark- und Ölbasis erzeugen, schichtweise aufgebaut, eine elegante und anspruchsvolle Oberfläche.

QUARK-KALK-FARBE

Traditionell wurden in Europa und den USA zahlreiche Mischungen aus Milch und Kalk als Farbgrundlage für Anstriche verwendet. Beide Stoffe sind billig, reichlich vorhanden und ergeben zusammen mit Buntpigmenten eine sehr effektive Farbe. Das Kasein im Quark verbindet sich mit dem Calcium im Kalk zu Kalkkasein, das sich sowohl mit dem Pigment als auch mit der zu bemalenden Oberfläche gut verbindet.

Sicherheitshinweis: Kalk ist stark ätzend und muss mit großer Vorsicht gehandhabt werden (siehe Seite 43).

Zutaten

- **250 g Magerquark**
- **25 g Löschkalk**
- **50 g (kalkverträgliches) natürliches Pigment (siehe Seite 62)**
- **Wasser zum Verdünnen**

Die angegebene Menge reicht für eine Oberfläche von etwa 2 m^2.

Einsatz

Dieser Anstrich eignet sich für saugfähige Oberflächen im Innenbereich sowie im Außenbereich (sobald der Anstrich trocken ist und keiner direkten Bewitterung ausgesetzt wird). Er ist wischfest und sehr strapazierfähig.

Weiter mit Wasser verdünnt lässt er sich als Farblasur verwenden. Die Farbe kann auch auf rohes Holz aufgetragen werden, wobei man durch zwei Anstriche eine attraktive, opake Oberfläche erhält, welche die Holzstruktur durchscheinen lässt.

Achtung: Wandfarben auf Kaseinbasis sind für Räume mit erhöhter Luftfeuchtigkeit nicht geeignet, da das Eiweiß unter Feuchteeinfluss von Mikroorganismen angegriffen werden kann.

Herstellung

Das Pigment mit Wasser anrühren (siehe Seite 36). Den Quark in eine Schüssel geben und den Löschkalk hineinrühren. Die Konsistenz der Mischung verwandelt sich recht auffallend von einer Beschaffenheit ähnlich wie die von weichem Frischkäse in eine gebrauchsfähige Farbe.

Das eingesumpfte Pigment zufügen.

Verarbeitung

Zwei bis drei Farbschichten mit einem großen Pinsel auftragen.

Die Struktur der Pinselstriche ist deutlich zu sehen. Farbe regelmäßig umrühren. Die Farbe ist in weniger als einer Stunde berührungstrocken und kann am darauffolgenden Tag überstrichen werden.

Auf Holz zwei Farbschichten mit einem Pinsel mittlerer Größe auftragen, wobei die erste Farbschicht vor dem zweiten Anstrich völlig trocken sein muss. Wenn der zweite Anstrich getrocknet ist, die Oberfläche mit einem flusenfreien Tuch zu einem weichen Glanz polieren.

Pinsel und sonstiges Werkzeug in warmem Seifenwasser auswaschen.

Quark-Kalk-Farbe ist als Anstrich
für Kindermöbel gut geeignet.

QUARK-BORAX-FARBE

Wird Quark (sauer) mit Borax (basisch) gemischt, entsteht ein starkes Bindemittel, das nicht nur mehr Pigmente, sondern auch noch etwas Schlämmkreide binden kann. Je nach den Anteilen von Wasser, Schlämmkreide und Pigment entsteht entweder eine opake Wandfarbe mit guten Deckeigenschaften oder eine dünnere Farblasur.

Zutaten

- **250 g Magerquark**
- **10 g Borax**
- **50 ml heißes Wasser**
- **100 g eingesumpfte Schlämmkreide (siehe Seite 36)**
- **25 g natürliches Pigment (siehe Seite 36-39)**
- **evtl. Wasser zum Verdünnen**

Die angegebene Menge reicht für eine Oberfläche von ca. 2 m^2.

Einsatz

Der Anstrich hat eine gute Konsistenz und ist auf fast allen saugfähigen Untergründen (Putze, Tapeten, Dämmplatten, Holz etc.) im Innenbereich einsetzbar. Quark-Borax-Farbe ist abriebfest, jedoch nicht abwaschbar.

Achtung: Wandfarben auf Kaseinbasis sind für Räume mit erhöhter Luftfeuchtigkeit nicht geeignet, da das Eiweiß unter Feuchteeinfluss von Mikroorganismen angegriffen werden kann.

Herstellung

Das Pigment anrühren (siehe Seite 36). Den Quark in eine Schüssel geben. Das Borax im oberen Teil eines Wasserbadtopfes in das heiße Wasser einrühren.

So lange bei schwacher Hitze rühren, bis das Borax aufgelöst ist. Den Topf vom Herd nehmen und die Mischung abkühlen lassen, dann in den Quark rühren. Dieses Bindemittel mit der Schlämmkreide und dem Pigment zusammenrühren.

Wird der Wasseranteil erhöht, entsteht eine Lasur.

Verarbeitung

Es ist ratsam, zuerst mit einem Probeanstrich zu prüfen, ob die Anteile stimmen. Wenn der Probeanstrich trocken ist, mit dem Finger darüber streichen.

Kreidet der Anstrich, wird mehr Boraxmischung benötigt.

Sollte eine harte, glasierte Oberfläche entstehen, die rissig wird oder abplatzt, ist der Anteil

an Schlämmkreide oder Pigment zu gering.

Zuerst mit einem dünnen Anstrich bzw. nur mit dem Bindemittel und Wasser grundieren. Trocknen lassen, dann die eigentliche Farbe mit einem breiten Pinsel auftragen.

Es kann sein, daß die Farbe noch mit etwas Wasser verdünnt werden muß.

Farbe, die zu dickflüssig ist, trocknet zu schnell und kreidet leicht aus.

Pinsel und übriges Werkzeug in warmem Seifenwasser auswaschen.

Quark-Borax-Farbe kann als deckender Wandanstrich verarbeitet oder aber zu einer eher durchscheinenden Lasur verdünnt werden.

BORAX-KASEIN-FARBE

Kaseinpulver ist nichts anderes als das getrocknete Protein, das in Milch bzw. Quark enthalten ist. In dieser Rezeptur wird das saure Kaseinpulver mit dem alkalischen Borax gemischt, was ein sehr starkes, klebriges Bindemittel für das Pigment und die Schlämmkreide ergibt. Der Anstrich hat nach dem Trocknen eine seidenmatte Oberfläche, die eine lebhafte Färbung aufweist.
Dieser Farbanstrich ist seit Jahrhunderten gebräuchlich, z.B. wurde er auch von den amerikanischen Shakern, einer Untergruppe der Quäker, benutzt, die damit ihre Innenräume und Möbel strichen.

Zutaten

- **150 g Kaseinpulver**
- **1 l kaltes Wasser**
- **50 g Borax**
- **250 ml heißes Wasser**
- **500 g aufbereitete Schlämmkreide (siehe Seite 36)**
- **150 g natürliches Pigment (siehe Seite 36-39)**
- **evtl. Wasser zum Verdünnen**

Die angegebene Menge reicht für eine Oberfläche von 12 m^2 bzw. für viel mehr, wenn sie zur Lasur verdünnt wird.

Einsatz

Die Farbe eignet sich für saugfähige Flächen im Innenbereich. Der fertige Anstrich ist nicht abwaschbar, wird jedoch traditionell anschließend geölt oder gewachst und kann dann abgewischt werden. Als Deckanstrich ist eine Quark-Öl-Lasur geeignet (siehe Seite 50).

Achtung: Wandfarben auf Kaseinbasis sind für Räume mit erhöhter Luftfeuchtigkeit nicht geeignet, da das Eiweiß unter Feuchteeinfluss von Mikroorganismen angegriffen werden kann.

Herstellung

Das Pigment anrühren. Das Kaseinpulver in eine Schüssel geben, mit dem kalten Wasser übergießen und über Nacht einweichen.

Am nächsten Tag das Borax in das heiße Wasser im oberen Teil eines Wasserbadtopfes gießen und bei schwacher Hitze rühren, bis es aufgelöst ist. Den Topf vom Herd nehmen und die Mischung abkühlen lassen.

Die Kaseinmischung mit einem Rührgerät rühren, bis eine glatte Paste ohne Klumpen entsteht.

Dann die Boraxmischung zufügen und weiter rühren. Die Masse wird sofort dick und geleeartig. Die aufbereitete Schlämmkreide hineinmischen. In diesem Stadium ist die Masse sehr klebrig, aber das macht nichts.
Eine halbe Stunde stehen lassen, dann wieder rühren. Das eingesumpfte Pigment zugeben und so viel Wasser darunterrühren, bis die Farbe eine sahnige Konsistenz hat.

Verarbeitung

Es ist ratsam, zuerst an einem Probeanstrich zu prüfen, ob die Mischungsanteile stimmen.

Wenn die Farbe getrocknet ist, mit dem Finger darüber streichen. Kreidet sie ab, wird mehr Boraxkasein-Bindemittel benötigt. Hat sich dagegen eine harte, glasierte Oberfläche gebildet, die rissig wird oder abplatzt, fehlen noch Schlämmkreide oder Pigment.

Bei sehr saugfähigen Wänden empfiehlt es sich, eine kleine Farbmenge mit Wasser zu verdünnen und damit die Wand vorzustreichen. Anschließend mehrmals mit der eigentlichen Farbe überstreichen, dabei kreuzweise mit einem breiten Pinsel arbeiten. Die Mischung regelmäßig aufrühren. Jeder Anstrich trocknet in etwa einer Stunde.

Pinsel und übriges Werkzeug in warmem Seifenwasser auswaschen.

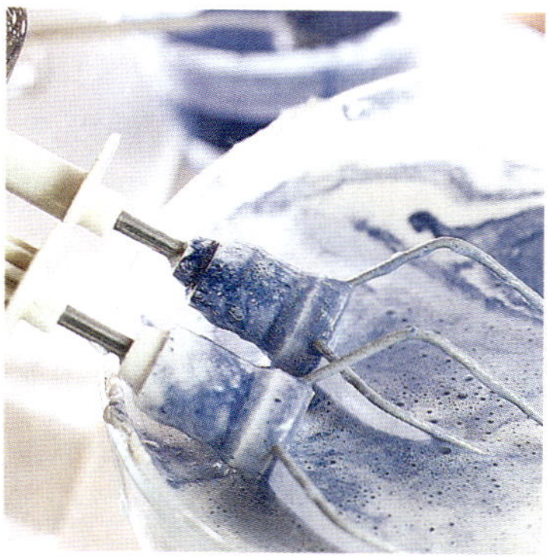

Boraxkaseinfarbe schafft eine samtige Oberfläche und ist für Wände wie auch für Möbel geeignet.

WANDFARBE MIT TIERLEIM

Leimfarbe hat eine Geschichte und einen Ruf. Sie ist im Grunde ein reversibles Oberflächenmittel, d.h. man kann sie wieder abwaschen. Man muß sie sogar entfernen, bevor man neue Farbe aufträgt, weil tierische Leimfarbe nicht leicht zu überstreichen ist. Dies war früher ein Vorteil, wenn man z.B. Stuckarbeiten an Decken und Gesimsen streichen wollte, denn so kam es nie zu aufeinanderliegenden Schichten, die die zierlichen Formen verdecken konnten. Heutzutage erscheint das Abwaschen der alten Farbe als eine unnötige Mühe. So anstrengend ist die Arbeit aber auch wieder nicht, besonders wenn es sich nur um kleinere Flächen handelt. Die Oberflächen werden mit Leimfarbenanstrichen sehr schön samtig und matt. Die Pigmentkörnchen, die mit den sichtbaren Pinselstrichen auf der Oberfläche zu liegen kommen, reflektieren das Licht in verschiedenen Farben und Abstufungen. Ein Farbanstrich mit Leimfarbe auf tierischer Basis gibt gerade auch renovierten Altbauten ein authentisches Aussehen.

Zutaten

- **500 ml Wasser**
- **50 g Glutinleim (am besten Hasenleim)**
- **1 kg zubereitete Schlämmkreide (siehe S. 36)**
- **50 g natürliches Pigment**
- **evtl. Wasser zum Verdünnen**

Die angegebenen Mengen reichen für eine Oberfläche von etwa 8 m^2.

Einsatz

Die Farbe eignet sich nur für saugfähige Wände im Innenbereich. Tierische Leimfarben sind empfindlich: Sie sind zwar abriebfest, aber nicht abwaschbar und bekommen leicht Fett- oder Wasserflecken.
Achtung: Wandfarben mit Tierleim sind für Räume mit erhöhter Luftfeuchtigkeit nicht geeignet, da das Eiweiß unter Feuchteeinfluss von Mikroorganismen angegriffen werden kann.

Herstellung

Das Pigment in etwas Wasser anrühren (siehe Seite 36). Den halben Liter Wasser in den oberen Teil eines Wasserbadtopfes geben und erwärmen, dann den Glutinleim zufügen. Wenn sich die Körnchen aufgelöst haben, die Mischung vom Herd nehmen und über Nacht im Topf stehen lassen. Am Morgen hat sich die Lösung verdickt, wird aber durch leichtes Erwärmen wieder flüssig. Zu starke Hitze vermeiden, da der Leim überhitzen kann. Die Schlämmkreide gut durchrühren, am besten mit einem Rührgerät, und dabei allmählich den warmen Leim und das eingesumpfte Pigment zufügen, bis alles gut vermischt ist.

Verarbeitung

Es ist ratsam, zuerst an einem Probeanstrich zu prüfen, ob die Anteile der Mischung stimmen.

Kreidet der trockene Anstrich aus, fehlt es an Leim, ist dagegen eine harte, glasierte Oberfläche entstanden, die rissig wird oder abplatzt, fehlen Schlämmkreide oder Pigment. Beim Trocknen wird die Farbe deutlich heller. Jetzt kann der Pigmentanteil noch geändert werden. Die Farbe sollte die Konsistenz einer dicken Emulsion haben and kann mit Wasser verdünnt werden.

Die Wand mit einer sehr dünnen Lasur aus Glutinleim grundieren (50 g Leim auf 1 l Wasser). Die Grundierung trocknen lassen, dann die Farbe mit einem breiten Pinsel auftragen. Die Struktur der Pinselstriche bleibt deutlich sichtbar, es ist deshalb also nicht gleichgültig, in welcher Richtung und auf welche Art man streicht. Möglichst schnell arbeiten und die Ansätze feucht halten. Ein Farbauftrag ist gewöhnlich ausreichend, die Farbe trocknet in etwa zwei Stunden.

Zum Entfernen von alter Leimfarbe zunächst mit einem breiten Pinsel die Farbe aufweichen, dann mit einem großen Schwamm abreiben.

Den Schwamm häufig in sauberem Wasser ausspülen. Pinsel und übriges Werkzeug in warmem Seifenwasser auswaschen.

Leimfarbe trocknet heller auf, wie auf dem Probeanstrich rechts oben zu sehen ist, der nasse und trockene Farbe nebeneinander zeigt.

LEIMFARBE AUF ZELLULOSEBASIS

Zelluloseleim wird gewöhnlich als natürlicher Tapetenkleister verwendet. Wenn man diesem Bindemittel ein Streckmittel (Füllstoffe) aus Schlämmkreide zufügt, erhält man eine Farbe, die wieder aufgeweicht und abgewaschen werden kann. Sie bleibt elastischer als Leimfarbe auf tierischer Basis, weshalb man zwei oder drei dünne Schichten übereinander aufbringen kann, ohne den alten Anstrich entfernen zu müssen.

Zutaten

- **20 g Zellulose-Leim in Pulverform**
- **1 l Wasser**
- **200 g eingeweichte Schlämmkreide (siehe Seite 36)**
- **3 gestrichene Esslöffel natürliches Pigment**
- **evtl. Wasser zum Verdünnen**

Die angegebene Menge reicht für eine Oberfläche von ca. 8 m^2.

Einsatz

Diese Farbe eignet sich für saugfähige Wände im Innenbereich. Sie ist nicht abwaschbar.

Herstellung

Das Pigment in etwas Wasser anrühren. Das Leimpulver in die angegebene Wassermenge streuen und 30 Minuten stehen lassen, erst dann gut umrühren.

Den Leim und das eingesumpfte Pigment zu der zubereiteten Schlämmkreide zufügen und gründlich verrühren.

Nochmals 30 Minuten stehen lassen. Die Farbe sollte die Konsistenz von dicker Sahne haben.

Falls erforderlich, mit Wasser verdünnen.

Verarbeitung

Es ist ratsam, zuerst einen Probeanstrich zu machen, um zu prüfen, ob die Anteile stimmen.

Wenn die Farbe trocken ist, mit dem Finger darüber streichen.

Kreidet der Anstrich, fehlt noch Leim. Entsteht dagegen eine harte, glasierte Oberfläche, die rissig ist oder abplatzt, fehlen Schlämmkreide oder Pigment.

Die Wand mit einer sehr dünnen Lasur aus 10 g Leimpulver auf 1 l Wasser grundieren.

Nach dem Trocknen mit einem breiten Pinsel die Leimfarbe zwei- bis dreimal kreuzweise auftragen.

Jeder Anstrich sollte sechs Stunden trocknen, bevor die nächste Schicht folgt.

Wenn der Anstrich leicht transparent werden soll, die Farbe mit Wasser verdünnen.

Pinsel und übriges Werkzeug in warmem Seifenwasser auswaschen.

Leimfarbe wird in mehreren Schichten aufgebaut und erzeugt dann eine Oberfläche mit lebendiger Struktur.

KALKTÜNCHE

Kalktünche ist der beste Anstrich für altes Gemäuer, das diffusionsoffen sein muß, um Feuchtigkeit und de-ren Folgeprobleme zu verhindern. Kalktünche wird aus Löschkalk (Calciumhydoxid oder gelöschter Branntkalk) hergestellt Kleine Mengen weiterer Zusätze, wie Leinöl, Talg und Kasein werden manchmal zugesetzt, um die Kalktünche noch wasserabweisender zu machen. Die Oberfläche des Anstrichs wirkt samtig und matt.

Sicherheitshinweis: Kalk ist hochätzend und muss mit großer Vorsicht gehandhabt werden (siehe Seite 43).

Zutaten

- **1 kg Löschkalk**
- **2 l Wasser**
- **200 g kalkverträgliches natürliches Pigment**

Diese Menge ist ausreichend für eine Wandfläche von 12-24 m^2.

Nur kalkverträgliche Pigmente (hauptsächlich natürliche Erden) sollten für Kalktünche und Kalkfarben (siehe Seite 64) verwendet werden. Mit diesen Pigmenten lässt sich eine große Anzahl schöner Pastellfarben erzielen.

Creme, Gelb, Rosa, Aprikose und Rehbraun können mit roten und gelben Ockern, Umbra und Siena hergestellt werden. Die natürlichen Erdpigmente bieten sich für das Experimentieren mit Farbtönen und Farbkombinationen an, wobei mit leichten Farbabweichungen gerechnet werden muss, ja, sie gehören zum Charme von Kalkfarben.

Es empfiehlt sich, die verwendeten Mengen zu notieren und genügend Farbe für den gesamten Anstrich anzusetzen, denn es kann schwierig sein, einen bestimmten Farbton ein zweites Mal zu erzielen.

Einsatz

Kalktünche eignet sich für saugfähige Oberflächen innen und im Außenbereich (am besten auf alkalischem Untergrund). Sie ist nicht abwaschbar.

Herstellung

Das Pigment mit etwas Wasser anrühren (siehe Seite 36). Durch die Zugabe einer geringeren Menge an Pigment wird die Farbe heller (man sollte jedoch nie mehr als die in der Rezeptur aufgeführte anteilige Höchstmenge zugeben).

Den Löschkalk in einen Eimer geben und langsam das Wasser zugießen, wobei die Mischung mit einer Bohrmaschine mit Rührvorsatz vermengt wird.

Die Mischung durch ein Sieb in einen zweiten Eimer gießen, um Klumpen oder Steinchen auszusieben. Das eingesumpfte Pigment zufügen und gründlich vermengen. Danach ist die Mischung in einem luftdichten Behälter nahezu unbegrenzt haltbar.

Die zu streichenden Oberflächen sollten sauber, fettfrei und frei von Bewuchs wie Moos, Flechten usw. sein. Die Oberflächen gründlich anfeuchten, um das Aufbringen zu erleichtern und um sicherzustellen, dass die Kalktünche nicht zu schnell trocknet, da sie sonst nicht richtig haftet. Eine Gartenspritze mit Pumpe ist für diesen Zweck ideal, aber ein großer Schwamm tut es auch.

Verarbeitung

Die wässrige Tünche ganz dünn mit einem Maurerpinsel auftragen und dabei in alle Richtungen arbeiten. Wenn die Kalktünche zu dick aufgetragen wird oder zu schnell trocknet, reißt sie nach dem Trocknen und kreidet aus.

Die Kalktünche ist beim Aufbringen durchsichtig, wird dann aber opak. Außerdem wird die Farbe beim Trocknen deutlich heller.

Die Farbe im Eimer häufig umrühren. Jede Schicht sollte 24 bis 48 Stunden trocknen, bevor die nächste aufgetragen wird.

Die Oberfläche vor jedem folgenden Auftrag wieder mit der Gartenspritze oder einem großen Schwamm anfeuchten. Es werden mindestens vier Schichten empfohlen, und jede zusätzliche Schicht bringt das angenehme, samtige Aussehen der Oberfläche besser heraus.

Pinsel und übrige Werkzeuge in warmem Seifenwasser auswaschen.

Der Anstrich wird ein paar Tage lang trocken und staubig aussehen, bis die Karbonatisierung stattgefunden hat, d.h., dass der Anstrich Kohlendioxid aus der Atmosphäre aufnimmt und die Oberfläche in Kalkstein umgewandelt wird. Wenn der Anstrich zu schnell trocknet, findet keine Karbonatisierung statt, deshalb nicht bei starkem Wind oder viel Sonne arbeiten.

Kalktünche wird beim Trocknen um mehrere Nuancen heller. Es ist deshalb ratsam, einen Probeanstrich zu machen, bevor man die gesamte Wand streicht.

KALKFARBE

Das Bindemittel in Kalkfarbe ist hydraulischer Kalk. Er ist in Pulverform erhältlich und wird aus einem lehmhaltigen Kalkstein hergestellt. Beim Mischen mit Wasser entsteht ein Anstrichmittel, das ähnliche, aber auch andere Eigenschaften hat als die eben beschriebene Kalktünche. Wie Kalktünche ist Kalkfarbe leicht antiseptisch und weist Insekten zurück. Es entsteht eine diffusionsoffene Oberfläche, so dass die Wände Feuchtigkeit aufnehmen und wieder abgeben und Probleme mit Kondenswasser und Schimmel verhindert werden können. Im Gegensatz zur Kalktünche sind weniger Anstriche erforderlich.

Sicherheitshinweis: Wie Löschkalk ist auch hydraulischer Kalk stark ätzend und muß mit entsprechender Vorsicht gehandhabt werden (siehe Seite 43).

Zutaten

- **1 kg hydraulischer Kalk**
- **2 l Wasser**
- **100 g kalkverträgliches, natürliches Pigment**

Die angegebenen Mengen reichen für eine Oberfläche von etwa 12 – 24 m^2.

Einsatz

Diese Farbe ist innen und außen auf den meisten saugfähigen Oberflächen verwendbar, z.B. auf Ziegelstein, Naturstein, Zementputz, Lehmputz und Gipsputz. Sie ist nicht wirklich abwaschbar, was bedeutet, dass eingedrungene Flecken nicht wieder entfernt werden können.

Herstellung

Für die Herstellung von Kalkfarbe gibt es keine exakte Rezeptur, die Mengenangaben für die Zutaten sind daher nur Anhaltspunkte. Für den ersten Anstrich auf sehr saugfähigen Oberflächen sollte die Farbe verdünnt werden.

Das Pigment mit etwas Wasser anrühren (siehe Seite 36). Eine geringere Menge an Pigment ergibt eine hellere Farbe (die in der Rezeptur angegebene Höchstmenge sollte im Verhältnis nicht überschritten werden).

Den hydraulischen Kalk in einen Eimer geben und langsam das Wasser unter ständigem Rühren mit Hilfe einer Bohrmaschine mit Rührvorsatz zugeben, bis die Farbe gründlich gemischt ist und eine gleichmäßige sahnige Konsistenz aufweist. Das eingesumpfte Pigment zufügen und gründlich mit der Farbe vermengen.

Diese Farbe reagiert mit Wasser, deshalb immer nur so viel anrühren, wie an einem Tag verarbeitet werden kann.

Vorbehandlung

Die Oberflächen sollten sauber, fettfrei und frei von Bewuchs wie Moos, Flechten usw. sein.

Die Oberflächen gründlich anfeuchten, um das Aufbringen zu erleichtern und um sicherzustellen, dass die Kalkfarbe nicht zu schnell trocknet, da sie sonst nicht richtig haftet. Eine Gartenspritze mit Handpumpe ist für diesen Zweck ideal, aber ein großer Schwamm tut es auch.

Verarbeitung:
Die Farbe dünn und gleichmäßig mit einem Maurerpinsel in breiten Strichen auftragen. Wenn die Kalkfarbe zu dick aufgetragen wird, kann sie nach dem Trocknen rissig werden und auskreiden. Der Anstrich ist beim Aufbringen durchscheinend, wird aber beim Trocknen opak. Außerdem wird die Farbe beim Trocknen viel heller. Die Farbe im Eimer häufig umrühren. Wenn gegen Ende am Boden des Eimers noch dicke Farbe sitzt, mit zusätzlichem Wasser verdünnen.

Zwei bis drei Anstriche aufbringen. Jede Schicht sollte 24 Stunden trocknen, bevor die nächste aufgetragen wird.

Die Oberfläche vor dem neuen Farbauftrag wieder mit der Gartenspritze oder dem großen Schwamm anfeuchten.

Pinsel und übrige Werkzeuge in warmem Seifenwasser auswaschen.

Der Anstrich wird ein paar Tage trocken und staubig aussehen, bis die Karbonatisierung stattgefunden hat, d.h., dass der Anstrich Kohlendioxid aus der Atmosphäre aufnimmt und die Oberfläche in Kalkstein umgewandelt wird. Wenn der Anstrich zu schnell trocknet, findet keine Karbonatisierung statt, deshalb nicht bei starkem Wind oder viel Sonne arbeiten.

Der natürliche Kalkfarbenanstrich kontrastiert perfekt zu der ungewöhnlichen Nische aus Holz und Stein, die einen alten Eisenbeschlag enthält.

Rezepturen zur Holzbehandlung & dekorativen Oberflächengestaltung

ÖLFARBE

Natürliche Ölfarbe hat eine lange Trockenzeit. Eigentlich wird diese Farbe auf der Grundlage von Leinöl nie ganz hart, was aber den Vorteil hat, dass sie elastisch bleibt und die natürlichen Bewegungen des Holzes mitmacht.

Sicherheitshinweis: Keine Lösungsmitteldämpfe einatmen. Für ausreichende Belüftung sorgen. Beim Schmirgeln Mundschutz tragen.

Zutaten

Grundierung:
- **100 ml Leinölfirnis**
- **100 ml Lösungsmittel (Terpentin oder Orangenschalenöl)**

Erster und zweiter Anstrich:
- **100 ml Leinölfirnis**
- **20 g Pigment**
- **50 ml Lösungsmittel**

Die angegebenen Pigmentmengen sind nur Anhaltspunkte, da die verschiedenen Pigmente unterschiedlich viel Öl absorbieren.

Die angegebenen Mengen reichen für eine Fläche von etwa 1,5 – 2 m^2.

Einsatz

Geeignet für unbehandeltes Holz im Innen- und Außenbereich. Der Anstrich ist nach einigen Wochen waschfest.

Vorbehandlung

Das Holz mit warmem Wasser anfeuchten, damit die Fasern sich aufstellen. Nach einigen Minuten Einwirkzeit das überschüssige Wasser mit einem flusenfreien Tuch entfernen.

Völlig trocknen lassen, dann abschmirgeln.

Herstellung

Grundierung: Öl und Lösungsmittel in einer Schüssel mischen.

Erster und zweiter Anstrich: Das Pigment in eine kleine Schüssel geben und genügend Öl zufügen, so dass beim Verrühren eine glatte Paste entsteht. Allmählich das übrige Öl zufügen und dann das Lösungsmittel.

Da zwischen den Anstrichen jeweils eine lange Trockenzeit eingerechnet werden muss, immer nur einen Anstrich zubereiten.

Verarbeitung

Die Grundierung mit dem Pinsel auftragen. Nach etwa zehn Minuten überschüssige Grundierung mit einem flusenfreien Tuch abwischen. Bei guter Durchlüftung über Nacht trocknen lassen.

Den ersten Anstrich sehr dünn in der Richtung der Maserung auftragen. Bei zu dickem Farbauftrag bildet sich eine Haut, die das Durchtrocknen der darunter liegenden Farbe verhindert.

Achtundvierzig Stunden unter guter Belüftung trocknen lassen.

Den zweiten Anstrich in der gleichen Weise auftragen und mehrere Tage trocknen lassen.

Pinsel und übrige Werkzeuge in etwas Lösungsmittel säubern.

Ölfarben eignen sich gut für Holz, weil sie elastisch bleiben und die Bewegungen des Holzes mitmachen.

ÖLFARBE MIT EI

Bei dieser Rezeptur wird Ei nicht nur als Bindemittel, sondern auch als Emulgator eingesetzt, was bedeutet, dass Öl und Wasser zusammengemischt werden können und kein Lösungsmittel notwendig ist. Für Holz im Außenbereich ist die Wahl dunklerer Pigmente sinnvoll, für Holz im Raum sind hellere Pigmente zu empfehlen.

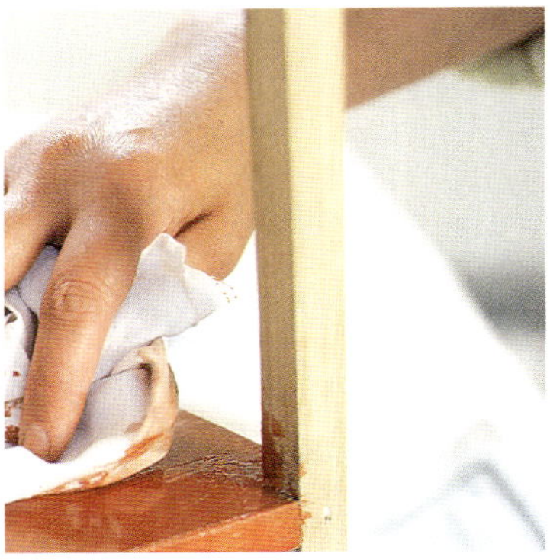

Zutaten

- **1 Ei**
- **80 ml Leinölfirnis**
- **80 ml Wasser**
- **1 gestrichener Esslöffel natürliches Pigment**

Die angegebenen Mengen reichen für eine Oberfläche von etwa 1,5 – 2 m^2.

Einsatz

Dieses Anstrichmittel eignet sich für unbehandeltes Holz im Innen- und Außenbereich. Es ist nach einigen Wochen abwaschbar.

Verarbeitung

Das Ei und das Öl in eine Schüssel geben und mit Hilfe eines elektrischen Rührgeräts verrühren. Dann sehr langsam das Wasser dazurühren. Das Pigment in eine andere Schüssel geben und mit einer kleinen Menge des eben angerührten Bindemittels zu einer glatten, klumpenfreien Paste verrühren.

Allmählich das restliche Bindemittel zugeben.
Die Farbe mit einem Pinsel mittlerer Größe auf das Holz auftragen. Soll der Anstrich weniger decken, nach einigen Minuten mit einem saugenden, flusenfreien Lappen die überschüssige Farbe abwischen, damit die Holzmaserung zum Vorschein kommt.

Soll der Anstrich deckender sein, zwei oder mehr Anstriche aufbringen, wobei jeweils etwa 48 Stunden Trockenzeit dazwischen eingehalten werden muss, bei guter Belüftung.

Die Farbe benötigt mehrere Tage zum Durchtrocknen.

Pinsel und übrige Werkzeuge in warmem Seifenwasser auswaschen.

Ölfarbe mit Ei schafft eine attraktive Oberfläche, die natürliche Holzmaserung wird betont.

TRANSPARENTE ÖLLASUR

Diese Basisrezeptur ist sehr vielseitig einsetzbar. Sie kann z.B. verwendet werden, um einen Boraxkasein-Anstrich auf Wänden und Holzwerk schmutzabweisender und wischfest zu machen. Man kann damit auch eine zarte Farbschicht auf Wände auftragen oder unbehandeltes Holz innen oder außen farbig streichen. Schließlich kann man das Pigment weglassen und mit der reinen Öllasur einen Anstrich aus Boraxkaseinfarbe nachträglich abdunkeln.

Sicherheitshinweis: Lösungsmittel nicht einatmen. Für gute Durchlüftung sorgen.

Zutaten

- **100 ml Leinölfirnis**
- **80 ml Lösungsmittel (Terpentin oder Orangenschalenöl)**
- **1 gestrichener Esslöffel Schlämmkreide**
- **1/2 Teelöffel natürliches Pigment**

Die angegebenen Mengen reichen für eine Oberfläche von etwa 2,5 m^2.

Herstellung

Etwas Lösungsmittel in eine Schüssel geben und je nach gewünschtem Farbton vom Pigment einen Teil oder die gesamte Menge sowie die Schlämmkreide darin auflösen. Das restliche Lösungsmittel in einer anderen Schüssel mit dem Leinölfirnis vermischen, dann das aufgelöste Pigment zufügen.

Verarbeitung

Ein Anstrich mit einem Pinsel für Farblasur oder mit einem Pinsel mittlerer Grösse für Holzanstriche genügt. Leinölfirnis benötigt mehrere Tage zum Durchtrocknen.

Pinsel und übriges Werkzeug in etwas Lösungsmittel reinigen und dann in warmem Seifenwasser auswaschen.

Hier wurde eine zarte Farbschicht mit einer transparenten Öllasur auf einen unbehandelten Holzboden aufgetragen.

HOLZ BEIZEN MIT PFLANZENFARBEN

Pflanzenfarben sind durchscheinend, weil das Licht durch die Farbmoleküle dringt (während es von den Körnchen eines Erdpigments reflektiert wird).
Jede pflanzliche Substanz, die einen Farbfleck auf der Hand hinterlässt, kann praktisch auch als Grundstoff für Pflanzenfarbe verwendet werden.
Der pflanzliche Stoff wird ausgekocht, um die Farbe zu gewinnen. Zwiebelschalen ergeben z.B. gelb, Rote Bete tiefrot bis rosa, Brombeeren rosa-violett. Pflanzenfarben sind jedoch nicht lichtecht und verblassen mit der Zeit.

Zutaten

- Pflanzenmaterial
- Wasser

Herstellung

Das Pflanzenmaterial in einem Topf mit Wasser bedecken, kochen und ziehen lassen. Die Beize wird umso intensiver, je mehr Material man kocht und je länger man es ziehen lässt. Die Flüssigkeit durch ein Tuch in eine Schüssel seihen.

Verarbeitung

Die Beize mit einem Pinsel mittlerer Größe oder mit einem flusenfreien Lappen auf das Holz aufbringen. Gründlich trocknen lassen, dann die Oberfläche leicht abschmirgeln. Wenn nötig, ein zweites Mal Farbe auftragen, dann die Oberfläche mit Öl oder Wachs schützen.

Pinsel und übrige Werkzeuge in warmem Seifenwasser auswaschen.

Rahmen, die mit Roter Bete, Safran,
Tee- und Eisenazetat, Cochinelle
und Zwiebelschalen gebeizt wurden.

HOLZ BEIZEN MIT TEE UND ESSIG

Gerbstoffe sind in vielen Holzarten vorhanden, wie z.B. in Eiche. Helles Holz wie Kiefer, Buche usw. kann abgedunkelt werden mit dem Gerbstoff, der in starkem schwarzem Tee enthalten ist. Eisenazetat, das dem Holz mit Hilfe von Essig zugeführt werden kann, reagiert mit den Gerbstoffen und produziert eine kräftige, dunkle Farbe.
Wie bei der transparenten Öllasur (siehe Seite 72) läßt diese Rezeptur viel Spielraum für eigene Experimente. Die Holzbeize kann im Innen- und im Außenbereich verwendet werden. Das Ergebnis ist kaum vorherbestimmbar, deswegen sind Probeanstriche sinnvoll.

Zutaten

Für die Gerbstoffe:
- **500 ml Wasser**
- **25 g indische Teeblätter (Schwarztee)**

Für das Eisenazetat:
- **Großes Knäuel feine Stahlwolle**
- **Malzessig**

Herstellung

Für die Gerbstoffmischung die Teeblätter mit dem kochenden Wasser übergießen. Ein bis zwei Stunden ziehen lassen, dann in eine Schüssel seihen.

Für die Eisenazetatmischung die Stahlwolle über Nacht in ein mit Essig gefülltes Marmeladenglas legen und den Deckel schließen. Am nächsten Tag die Flüssigkeit abseihen. Soll die Eisenazetatlösung stärker sein, mehr Stahlwolle verwenden oder sie länger einwirken lassen.

Verarbeitung

Die Gerbstoffmischung mit einem Pinsel mittlerer Größe oder mit einem flusenfreien Lappen auf das Holz streichen. Nach einigen Minuten die überschüssige Flüssigkeit mit einem flusenfreien Lappen abwischen.

Manche helle Hölzer dunkeln schon durch diese Behandlung. Gut trocknen lassen.

Nun die Eisenazetatlösung auf die gleiche Weise auftragen.

Das Holz fängt sofort an zu dunkeln und dunkelt noch bis zu einer halben Stunde lang nach.

Durchtrocknen lassen, dann leicht abschmirgeln. Danach eventuell eine schützende Oberflächenbehandlung mit Öl oder Wachs ausführen.

Pinsel und übriges Werkzeug in warmem Seifenwasser auswaschen.

Durch Experimentieren mit Probeanstrichen
lässt sich die gewünschte Wirkung herausfinden.

BODEN- UND MÖBELWACHS

Bei dieser Basisrezeptur wird Bienenwachs mit einem Lösungsmittel gemischt, um eine weiche Paste herzustellen. Werden andere Wachsarten zugefügt, ändert sich das Ergebnis. Die Zugabe von Karnaubawachs macht die Wachsoberfläche zum Beispiel härter.

Sicherheitshinweis: Keine Lösungsmitteldämpfe einatmen.

Zutaten

- **50 g Bienenwachs**
- **100 ml Lösungsmittel (Terpentin oder Orangenschalenöl)**

Herstellung

Das Bienenwachs in ein breites Marmeladeglas geben. Dieses in einen Topf mit heißem Wasser stellen und im Wasserbad erwärmen, bis das Wachs schmilzt.

Keinesfalls überhitzen, da Wachs einen niedrigen Flammpunkt hat.

Das Glas herausnehmen, das Lösungsmittel hineinrühren und die Mischung abkühlen lassen.

Verarbeitung

Zuerst den Boden bzw. das Möbelstück mit Hilfe einer harten Bürste, z.B. einer Schuhbürste, dünn mit Leinölfirnis bestreichen und das überschüssige Material mit einem flusenfreien Lappen abwischen. Dann das Wachs mit einem weichen, flusenfreien Tuch auftragen und zu einem weichen Glanz polieren.

Die Bürste und das übrige Werkzeug in etwas Lösungsmittel reinigen, dann in warmem Seifenwasser auswaschen. Das Einwachstuch in heißem Wasser mit Spülmittel auswaschen.

Natürliches Boden- und Möbelwachs schützt und schmückt jede Holzoberfläche vom Bilderrahmen bis zum Fußboden.

FARBWACHS

Diese Rezeptur bringt Farbe in das Boden- und Möbelwachs (siehe Seite 78), es kann aber auch einem gekauften Möbelwachs aus Bienenwachs beigemischt werden. Traditionell wird Wachs mit Kalk weiß eingefärbt (gekälktes Wachs) und benutzt, um die natürliche Holzmaserung stärker hervorzuheben. Warum zum Beispiel nicht mal andere Farben ausprobieren, oder das Wachs statt auf unbehandeltem Holz auf Boraxkaseinfarbe oder auf Stuckformen aufbringen ...

Zutaten

- **100 g Möbelwachs auf Bienenwachsbasis**
- **30 g natürliches Pigment**

Herstellung

Das Bienenwachs in ein breites Marmeladeglas geben. Dieses in einen Topf mit heißem Wasser stellen und schonend erwärmen, bis das Wachs schmilzt.

Keinesfalls überhitzen, da Wachs einen niedrigen Flammpunkt hat.

Glas entnehmen, das Pigment hineinrühren, gut vermischen und abkühlen lassen.

Wird nur eine kleine Menge Farbwachs gebraucht, können die beiden Bestandteile auch auf einer Untertasse mit einem schmalen Spachtel gemischt werden.

Verarbeitung

Die Wachspaste mit feiner Stahlwolle oder einem weichen, flusenfreien Lappen auftragen.

Das Wachs in die Poren, Risse und Vertiefungen drücken. Dann die Oberfläche mit einem Topfkratzer oder einer Schuhbürste polieren, damit sie einen weichen, wasserabstoßenden und schützenden Glanz bekommt.

Die Bürsten und das übrige Werkzeuge in warmem Seifenwasser auswaschen.

Blaues Pigment im Möbelwachs erzeugt
eine interessante Tiefenwirkung im unbehandelten Holz.

BIERLASUR

Bei dieser Lasur ist das Bindemittel die Stärke und der Zucker von Lagerbier. Als Bindemittel für Pigmente hat Bier ideale Eigenschaften – es ist durchsichtig, dickflüssig und trocknet langsam – und als Farbauftrag reflektiert es das Licht der natürlichen Farbpigmente.

Zutaten

- **1 l Lagerbier**
- **1 gestrichener Esslöffel natürliches Pigment**

Die angegebenen Mengen reichen für eine Oberfläche von etwa 40 m^2.

Einsatz

Diese Lasur eignet sich für saugfähige Wände im Innenbereich.

Da sie nicht abwaschbar ist, sollte sie nur an wenig strapazierten Flächen (z.B. Decken) eingesetzt werden.

Herstellung

Das Pigment mit Wasser ansetzen (siehe Seite 36). Bier und eingesumpftes Pigment in einer Schüssel mischen.

Verarbeitung

Die Lasur trocknet in ein bis zwei Stunden und kann während dieser Zeit leicht wieder abgewaschen werden, was also Möglichkeiten zum Experimentieren mit Farben und Strukturen eröffnet.

Pinsel und übrige Werkzeuge in warmem Seifenwasser auswaschen.

Die Bierlasur reflektiert das Licht und bildet so einen sehr passenden Kontrast zu den zarten weißen Blüten.

EIWEISSFARBE

Eiweiß wurde traditionell als Bindemittel in Farben eingesetzt, um damit Schriftwerke farbig zu gestalten.

Zutaten

- **1 Eiweiß**
- **1/2 Teelöffel natürliches Pigment**

Die angegebenen Mengen reichen für eine Fläche von etwa 1 – 1,5 m^2.

Einsatz

Diese zarte, durchsichtige Farbe eignet sich für handgemalte Details auf saugfähigen Untergründen. Sie ist nicht waschfest.

Herstellung

Das Pigment in etwas Wasser anrühren. Das Eiweiß in einer kleinen Schüssel leicht schlagen. Stehen lassen, bis sich unter dem Schnee das klare Eiweiß absetzt, dann den Schnee mit einem Löffel abschöpfen. Das Pigment mit einem Künstlerpinsel allmählich und sparsam in das Eiweiß mischen. Das Ziel ist eine zarte, durchsichtige Farbschicht.

Verarbeitung

Die Farbe mit dem Künstlerpinsel auftragen und ca. 30 Minuten trocknen lassen.

Pinsel und übrige Werkzeuge in warmem Seifenwasser auswaschen.

Ein einfacher Lampenschirm wurde durch Eiweißfarbe aufgewertet.

FARBE AUF WASSERBASIS

Gummiarabikum ist ein Harz, das von einigen Akazienarten ausgeschieden wird. Zerstoßen und in Wasser aufgelöst wird die Gummilösung von Künstlern traditionell als Bindemittel für Wasserfarben und Gouachefarben verwendet. Ob das Resultat eine transparente oder eher deckende Farbe ist, hängt hauptsächlich von der Art und Menge der Pigmente ab. Der Honig wird dazugegeben, um die Farbe geschmeidig zu machen.

Zutaten

- **20 g Gummiarabikum**
- **100 ml Wasser**
- **10 g Honig**
- **1 gestrichener Esslöffel natürliches Pigment (siehe Seite 36-39)**

Einsatz

Diese Farbe eignet sich für handgemalte Details auf saugfähigen Untergründen in Räumen. Sie ist nicht waschfest.

Herstellung

Die Harzbrocken mit Mörser und Stößel möglichst fein zerstoßen.

Das Wasser in den oberen Teil eines Wasserbadtopfes geben, das Gummiarabikum hinzufügen und schonend erhitzen, bis das Harz sich aufgelöst hat. Den Honig hinzufügen, den Topf vom Feuer nehmen und abkühlen lassen.

Das Pigment in eine kleine Schüssel geben, etwas von dem Bindemittel zufügen und zu einer glatten, klumpenfreien Paste vermischen. Allmählich das übrige Bindemittel zufügen.

Verarbeitung

Die Farbe mit einem weichen Künstlerpinsel auftragen, zwischen den einzelnen Farbaufträgen eine Stunde warten.

Pinsel und übrige Werkzeuge in warmem Seifenwasser auswaschen.

Mit Farben auf Wasserbasis kann man einer Wand den letzten Schliff geben.

EI-TEMPERA-FARBE

In der traditionellen Ikonenmalerei wurde Eigelb als Bindemittel verwendet. Es entsteht eine satte Farbe für dekorative Arbeiten in kleinem Maßstab. Diese Farbe ist abriebfest, kann aber abgekratzt werden. Wie viel Pigment zugesetzt wird, hängt von seiner Beschaffenheit ab. Werden Glimmerpigmente mit dem Eigelb vermischt, entsteht ein großartiger Metallic-Effekt.

Zutaten

- **1 Eigelb**
- **Teelöffel natürliches Pigment**

Einsatz

Geeignet zum Schablonieren und dekorativen Freihandmalen auf saugfähigen Untergründen in Räumen. Der Anstrich ist wisch-, aber nicht waschfest.

Herstellung

Das Eigelb sorgsam auf eine mit Küchenpapier ausgelegte Untertasse legen. Etwa fünf Minuten antrocknen lassen. Dann vorsichtig in eine flache Schale legen.

Die Dotterhaut mit den Fingerspitzen hochnehmen und dabei mit der Spitze eines Künstlerpinsels anbohren, so dass das Eigelb ausläuft und in der Schüssel zurückbleibt.

Langsam dem Eigelb etwas Pigment zugeben und mit dem Künstlerpinsel vermischen. Nicht gleich das ganze Pigment hinzufügen, weil sonst das Anstrichmittel trocken und flockig werden kann.

Verarbeitung

Die Ei-Temperafarbe mit einem weichen Künstlerpinsel auftragen, bzw. beim Schablonieren mit Schwamm oder Schablonierpinsel. Schnell verarbeiten, bevor die Mischung eine Haut bildet. Notfalls etwas Wasser zufügen. Eine Farbschicht sollte ausreichend sein.

Pinsel und übrige Geräte in warmem Seifenwasser auswaschen, bevor die Farbe trocknet.

Die Temperafarbe ist in einer Stunde handtrocken und wird im Laufe der nächsten Tage immer härter.

Ei-Tempera kann auf kleinen dekorativen Gegenständen wie diesem Lampenfuß sehr wirkungsvoll eingesetzt werden.

GESSO

Gesso ist eine Spachtelmasse, die früher als Belag für handgefertigte Möbel aus Weichholz diente. Mit dieser harten Deckschicht konnten nicht nur die Unebenheiten des bearbeiteten Materials ausgeglichen werden, sondern sie bot auch den notwendigen glatten Untergrund für die spätere Vergoldung oder Bemalung.

Sicherheitshinweis:
Beim Schmirgeln immer Mundschutz tragen.

Zutaten

- **50 g Glutinleim-Granulat (am besten Hasenleim)**
- **500 ml warmes Wasser**
- **500 g zubereitete Schlämmkreide (siehe Seite 36)**

Herstellung

Das Wasser in einen im Wasserbad stehenden Topf geben und erwärmen, dann das Leimgranulat zufügen. Wenn es aufgelöst ist, vom Herd nehmen und über Nacht ruhen lassen.

Ist die Lösung am Morgen dick, wird sie durch leichtes Erwärmen wieder flüssig. Den Leim nicht überhitzen. Das Holz erst einmal mit einer kleinen Menge dieses Leims grundieren. Anschließend die Schlämmkreide langsam in den Leim seihen und gründlich durchrühren, bis die Farbe cremig wird. Wenn die Mischung zu dick erscheint, mit Wasser verdünnen. Zum Test ein bißchen von der Mischung zwischen Daumen und Zeigefinger nehmen – wenn sie sich klebrig anfühlt, ist die Konsistenz richtig.

Man kann diese Grundmischung auch mit eingesumpften natürlichen Pigmenten (siehe Seite 36) tönen.

Verarbeitung

Die Spachtelmasse verarbeiten, solange sie noch warm und flüssig ist. Man muss mehrere Schichten mit einem schmalen Malerpinsel auftragen. Jede Schicht trocknen lassen und leicht abschmirgeln, dann die Mischung vor dem nächsten Aufbringen wieder etwas aufwärmen, da sie durch das Abkühlen fest wird. Die Trockenzeit verlängert sich von Schicht zu Schicht, von ein paar Minuten bis zu etlichen Stunden. Wird der folgende Anstrich im rechten Winkel zum vorhergehenden aufgebracht, lässt sich ein dichter Belag erzielen.

Wenn der letzte Anstrich völlig trocken ist, wird die Oberfläche mit feiner Stahlwolle oder mit Schmirgelpapier glatt geschliffen und dann mit einem weichen Tuch und etwas Wachspolitur glänzend gerieben.

Pinsel und übriges Werkzeug in warmem Seifenwasser auswaschen.

Achtung: Wandfarben mit Tierleim sind für Räume mit erhöhter Luftfeuchtigkeit nicht geeignet, da das Eiweiß unter Feuchteeinfluss von Mikroorganismen angegriffen werden kann.

Mit Gesso kann man bemalten Holzgegenständen wie diesem hübschen kleinen Regal eine glatte Oberfläche verleihen.

Von oben nach unten: Kasettentür, die durch Marmorierung verschönert ist; Schlafzimmer unterm Dach, in einem warmen, erdigen Ton gestrichen; Keramikgefäße vor einer schönen Wand; Licht- und Schattenspiel auf einer terrakottafarbenen Wand.
Rechts: Wände und Möbel harmonieren durch die feine Abstimmung von Farbe und Textur.

Mit natürlichen Farben und etw
Phantasie lassen sich eine Vielza
dekorativer Wirkungen erzeuge

KREATIV & DEKORATIV: TECHNIKEN & EFFEKTE

In diesem Kapitel wird gezeigt, wie die beschriebenen Farbrezepturen zusammen mit auf dem Markt erhältlichen Produkten (Hersteller- und Bezugsquellen siehe Seite 185 ff) so angewendet werden können, dass ihre besonderen Eigenschaften am besten zur Geltung kommen. Wir versuchen zu zeigen, dass es möglich ist, mit sehr wenigen Zutaten und einfachen Techniken eine große Vielfalt an Effekten zu erzielen, und dass Kreativität und Phantasie manchmal die wichtigsten Bestandteile dabei sind.

Wandanstriche und Farbdetails

Ironischerweise haben einige der gängigen dekorativen Farbtechniken zum Ziel, die feinen Abstufungen in Farbe und Struktur zu erreichen, die mit Naturfarben ganz automatisch entstehen. Einzig durch den Einsatz natürlicher Pigmente (ob selbst gemischt oder fertig gekauft) erscheinen zarte Farbtöne und Farbtiefen. Dies ist auf die kristalline Struktur der natürlichen Pigmente zurückzuführen, die das Licht in alle Richtungen reflektieren und streuen. Wer dies einmal gesehen hat, wird es zu schätzen wissen! Die vorausgegangenen Beispiele in diesem Buch zeigen, dass sich auch ohne den Einsatz besonderer Techniken sehr schöne Wirkungen erzielen lassen. Für diejenigen, die gerne experimentieren wollen, werden im folgenden nun einige Grundtechniken vorgestellt, mit denen sehr subtile ebenso wie auch sehr dramatische Ergebnisse geschaffen werden können.

ROLLTECHNIK: ARBEITEN MIT DER FARBROLLE

Mit dieser einfachen Technik wird die unsystematische, zufällige Verbindung zweier Farben auf einer Wandfläche angestrebt. Eine harmonische Wirkung erzielt man mit zwei ähnlichen Farben bzw. mit Abstufungen derselben Farbe. Kontrastfarben ergeben dramatischere Resultate, doch damit die Wirkung nicht zu viel Unruhe erzeugt, sollte dies auf eine kleine Fläche beschränkt bleiben, z.B. auf einen schmalen Mauervorsprung oder auf das Kopfende eines Bettes in einem ansonsten eher unauffällig gestrichenen Raum.

Farbmaterial

- **Emulsionsfarbe auf ökologischer Basis in zwei verschiedenen Farben**

Geräte

- **Farbroller mit Langflor**
- **Farbwanne mit Abstreifer**
- **Kleiner Pinsel**

Vorbereitung

Die Wandoberfläche sollte glatt und sauber sein.

Herstellung

Zwei verschiedenfarbige Emulsionen kaufen oder eine weiße Emulsion mit eingesumpften Pigmenten (siehe Seite 36) in zwei Töpfen selbst abtönen. So lange mit den Mengen der Zutaten experimentieren, bis die gewünschte Farbintensität erreicht ist.

Arbeitstechnik

Von beiden Farben in die Farbwanne gießen, auf jede Seite eine. Mit dem Farbroller so durch beide Farben rollen, dass jede Hälfte des Farbrollers mit einer Farbe getränkt ist. Die Farbe auf die Wand mit kurzen, leichten Strichen in verschiedene Richtungen auftragen.

Je öfter über die Oberfläche gestrichen wird, desto mehr verbinden sich die Farben. Ab und zu zurücktreten und die Wirkung beurteilen. Die Farbe in die Ecken mit einem kleinen Pinsel tupfen.

Mit der Rolltechnik können auf einfache Art zarte Strukturen aufgebracht werden.

SCHWAMMTECHNIK: GEWOLKTE OBERFLÄCHEN

Durch das Beimischen von natürlichen Farbpigmenten in eine fertige Emulsion ist es leicht möglich, seinen eigenen farblichen Gestaltungsvorstellungen freien Ausdruck zu geben, sowohl was die Farbe selbst betrifft als auch deren Intensität. Der Phantasie sind dabei keine Grenzen gesetzt! Bevor man an die eigentliche Arbeit geht, ist es ratsam, auf Papier die Farbverläufe zu skizzieren, um deren Wirkung visualisieren zu können. Dann werden im Raum die Stellen markiert, wo die eine Farbe in die andere übergehen soll, um das Resultat und die Veränderung der Raumwirkung besser vorstellbar zu machen.

Farbmaterial

- **Weiße Emulsionsfarbe auf ökologischer Basis**
- **Natürliche Pigmente**

Geräte

- **10 cm breiter Pinsel oder Farbroller mit mittellangem Flor**
- **Farbwanne**
- **Schwamm**

Vorbereitung

Die Wandoberfläche sollte glatt und sauber sein

Herstellung

Die gesamte Emulsion mit einer kleinen Menge des eingesumpften Pigments (siehe Seite 36) tönen.

Während des Auftragens dann immer mehr Pigment zufügen.

Abstufungen derselben Farbe

Ein Teil der Wand wird mit der schwach abgetönten Emulsion mit dem Pinsel oder Farbroller gestrichen. Dann wird der Emulsion weiteres Pigment zugefügt und – etwas überlappend - auf den angrenzenden Flächen aufgetragen. Die Übergänge mit einem angefeuchteten Schwamm verwischen. Auf diese Art wird nach und nach die gesamte Oberfläche bearbeitet und immer weiteres Pigment hinzugefügt. Es kann einfacher sein, zu zweit zu arbeiten, besonders wenn der Raum groß ist.

Es ist auch möglich, an der Decke mit der wenig abgetönten Farbe zu beginnen und nach unten immer dunkler zu werden.

Dies lässt den Raum höher erscheinen. Die umgekehrte Wirkung wird erzielt, wenn man unten hell anfängt und nach oben immer dunkler wird.

Statt den gesamten Raum auf diese Weise zu bemalen, können auch einfach nur bestimmte Bereiche durch eine Änderung der Pigmentierung in der Farbe betont werden, z.B. die Fläche um einen offenen Kamin herum, um eine Tür oder ein Fenster.

Der Bereich, der hervorgehoben werden soll, kann dabei sehr dezent oder auch in auffälligem Farbkontrast getönt werden.

Mehrfarbig gewolkte Oberflächen

Die Arbeitstechnik ist dieselbe wie bei Abstufungen mit einer einzigen Farbe, nur dass bei mehrfarbigem Wolken jedes Mal eine andere Farbe dazukommt.

Besonders gut geeignet ist ein solcher Anstrich in einem grösseren Raum mit unterschiedlichen Wohnfunktionen, deren Sphären dann durch die Farbveränderungen deutlicher werden, wobei auch hier die Übergänge fließend bleiben.

Beispielsweise könnte eine tiefrote Farbe um einen offenen Kamin herum allmählich in einen in warmen Ockertönen gehaltenen Wohnbereich übergehen.

Gewolkte Farbflächen lassen diesen Alkoven mit Holzofen stärker hervortreten.

LASIERENDE FARBANSTRICHE

Farbige Lasuren sind vielseitig einsetzbar. Es handelt sich im Grunde einfach darum, mehrere Farbschichten auf einer Wand aufzubringen. Je nach Farbstoff, Verdünnung, Anzahl der Schichten und Anstrichtechnik lassen sich damit ganz verschiedenartige Wirkungen erzielen. Auch hier ist es ratsam, anhand einiger Probeanstriche (siehe Seite 39) vorher zu prüfen, was die gewählten Farbstoffe leisten können und wie das Ergebnis aussieht. Die Beispiele in diesem Kapitel sind nur als Anregungen gedacht und können beliebig variiert und weiter entwickelt werden.

Lasierende Farbanstriche ermöglichen nicht nur ein sparsames und trotzdem großflächiges Aufbringen von Pigmenten, sondern schaffen auch eine gute Grundlage für das Schablonieren oder Freihandmalen. Lasuren können halbtransparent oder transparent sein. Die halbtransparenten Anstriche werden gewöhnlich mit verdünnten Emulsions- oder Kaseinfarben ausgeführt, die schnell trocknen und wenig Tiefenwirkung haben. Transparente Farben enthalten entweder Öl, wodurch sich die Trockenzeit verlängert, oder aber Bindemittel und Pigmente, jedoch keine Streckmittel.

Weiße Wände

Viele Leute streichen ihre Wände einfach weiß, wenn sie eine neue Wohnung beziehen. Das hat den Vorteil, dass sie sich in diesen hektischen Wochen nicht auch noch um passende Farben kümmern müssen. Zum anderen bieten weiße Wände einen sauberen Anfang und eine weiße "Leinwand", die später in aller Ruhe farbig gestrichen werden kann.

Ein weißer Untergrund ist besonders gut für Lasuren geeignet, weil er das Licht durch die dünne Farbschicht reflektiert (es geht aber auch mit farbigen Untergründen). Am besten wird die weiße Emulsion mit dem Pinsel aufgetragen, weil so, anders als mit dem Farbroller, durch den Pinselstrich Strukturen eingearbeitet werden können, die später durch die Lasuren hervorgehoben werden. Diese Technik ist sehr gut für Anstriche mit Naturfarben geeignet und besonders dann, wenn die Rezepturen für Lasuren aus Kapitel 3 zur Anwendung kommen.

Diese Probeanstriche zeigen einige Beispiele der unterschiedlichen Effekte, die man mit lasierenden Wandfarben erzeugen kann.

LASURTECHNIK: ARBEITEN MIT LASIERENDEN WANDFARBEN

Im folgenden wird kurz die Arbeitstechnik vorgestellt. Für eine gute Wirkung sind mindestens zwei Farbschichten erforderlich. Transparente Lasuranstriche trocknen langsam und lassen viel Zeit für Korrekturen.

Farbmaterial

- **Transparente oder halbtransparente Lasur**

Geräte

- **Breiter Pinsel, Deckenbürste oder großer Badeschwamm**
- **Pinsel, Vertreiber oder Tuch zum Auftupfen ablaufender Farbe oder um Strukturen zu schaffen oder zu verstreichen.**

Vorbereitung

Der Untergrund sollte glatt und sauber sein. Als Grundierung für die Lasur zwei Schichten weißer Emulsion auf ökologischer Basis aufbringen.

Arbeitstechnik

Eine dünne Schicht Lasur mit breiten, weit ausholenden Pinselstrichen oder mit einem großen Badeschwamm auf die gesamte Fläche aufbringen. Zügig die gesamte Fläche bearbeiten und dabei starke Farbansätze ausgleichen, bevor sie trocknen. Bei diesem Arbeitsschritt spielt es keine Rolle, wenn nicht alle Teile der Fläche mit Farbe bedeckt werden oder wenn die Farbe ungleichmäßig verteilt ist. Den Pinsel bzw. den Schwamm nicht überladen, damit keine Farbe abtropft, und einen trockenen Pinsel oder ein Tuch bereithalten, um ablaufende Farbe schnell auftupfen zu können. Immer wieder zurücktreten, um das Arbeitsergebnis zu prüfen.

Nach dem Durchtrocknen der ersten Schicht den zweiten Farbauftrag aufbringen. Diesmal die ausgelassenen Stellen überstreichen sowie einen Teil des ersten Anstrichs. Weitere Schichten lassen die Farbe kräftiger werden.

Vor jedem neuen Farbauftrag sollte die vorherige Schicht gründlich getrocknet sein.

Diese Arbeitstechnik erlaubt viele Variationsmöglichkeiten, die man aber zuerst ausprobieren sollte. Man könnte z.B. die Pinselstriche mit einem trockenen Vertreiber verwischen, solange die Farbe noch nass ist (hierbei ist es hilfreich, zu zweit zu arbeiten). Ein anderer Effekt ergibt sich, wenn an manchen Stellen die Farbe mit einem leicht angefeuchteten Pinsel oder Schwamm entfernt wird.

Transparente Farbtünche trocknet langsamer als eine verdünnte Emulsion, so dass mehr Zeit für Korrekturen oder zusätzliches Überarbeiten bleibt. Ein dickerer, halbtransparenter lasierender Anstrich hinterlässt deutlichere Pinselstriche als ein dünnerer, der mit dem Schwamm aufgetragen wurde.

Mehrfach übereinander aufgetragene
Schichten aus lasierenden Farben
schaffen einen zart abgestuften Effekt.

WISCHTECHNIK: GEWOLKTE OBERFLÄCHE MIT LASIERENDER WANDFARBE

Mit dieser sehr einfachen Technik ist es möglich, die Farbe im Raum langsam aufzubauen.

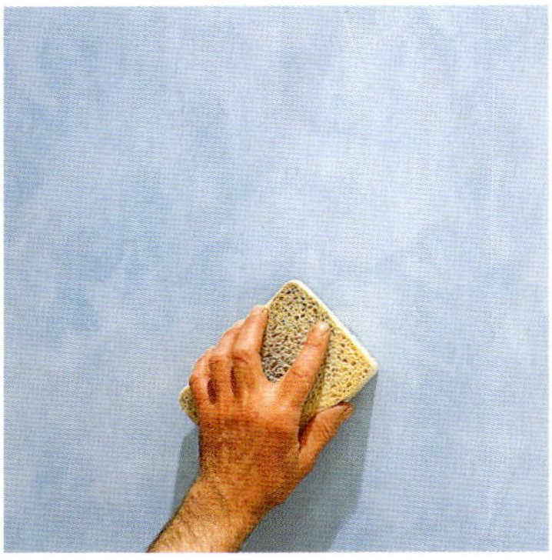

Farbmaterial

- **Lasierende Wandfarbe aus verdünnter Kaseinfarbe oder verdünnter Emulsion**

Geräte

- **Breiter Pinsel, Deckenbürste oder großer Badeschwamm**
- **Pinsel, Vertreiber oder Tuch zum Auftupfen ablaufender Farbe bzw. um Strukturen zu schaffen oder zu verstreichen**

Vorbereitung

Die Wandoberfläche sollte glatt und sauber sein. Zwei Schichten weißer Emulsion als Grundierung für die Lasur aufbringen.

Arbeitstechnik

Eine dünne Schicht Lasur auf die gesamte Fläche mit breiten, weit ausholenden Pinselstrichen oder mit einem großen Badeschwamm aufbringen.

Zügig die ganze Fläche bearbeiten und dabei starke Farbansätze ausgleichen, bevor sie trocknen. Bei diesem Arbeitsschritt spielt es keine Rolle, wenn die Oberflächen nicht überall mit Farbe bedeckt werden oder wenn die Farbe ungleichmäßig verteilt ist.

Den Pinsel bzw. den Schwamm nicht überladen, damit keine Farbe abtropft, und einen trockenen Pinsel oder ein Tuch bereithalten, um ablaufende Farbe schnell auftupfen zu können. Immer wieder zurücktreten, um den Fortgang zu prüfen.

Nach dem Trocknen der ersten Schicht eine zweite Farbschicht aufbringen, aber diesmal nur auf vier Fünftel der Oberfläche, von unten gerechnet. Bei den nachfolgenden Schichten jeweils drei Fünftel, zwei Fünftel und ein Fünftel überstreichen.

Jede folgende Schicht macht die Farbe kräftiger, so dass der Raum unten dunkler erscheint als oben. Vor jedem neuen Anstrich die Farbe gut durchtrocknen lassen.

Weitere Anregungen für den Einsatz diese Arbeitstechnik sind im Abschnitt über gewolkte Oberflächen (Seite 98) zu finden.

Durch den Auftrag einer halbtransparenten Lasur ist es möglich, eine so lebhafte oder zurückhaltende Wirkung zu erzielen, wie man es gerne möchte.

PINSELLASURTECHNIK

Transparente Anstriche lassen die vorangegangenen Schichten durch die folgenden hindurchscheinen, wobei die späteren Farbschichten die Farbe der darunter liegenden verändern. Wird zum Beispiel Gelb über Rosa aufgetragen, sieht das Ergebnis aprikosenfarben aus. Der Farbkreis auf Seite 164 zeigt, welche Mischfarben durch welche Farbkombinationen entstehen.

Farbmaterial

- **Einige verschiedenfarbige transparente Lasuren**

Geräte

- **Breiter Pinsel, Deckenbürste oder großer Badeschwamm**
- **Pinsel, Vertreiber oder Tuch zum Auftupfen ablaufender Farbe bzw. um Strukturen zu schaffen oder zu verstreichen**

Vorbereitung

Die Wandoberfläche sollte glatt und sauber sein. Zwei Schichten weißer Emulsionsfarbe als Grundierung für die Lasur aufbringen.

Es ist ratsam, genau zu überlegen, welche Farben in welcher Reihenfolge aufgebracht werden sollen. Grundsätzlich sollten hellere Farben über dunklere gestrichen, und einfache Farbkombinationen gewählt werden, um zu verhindern, dass das Ergebnis schmutzig wirkt. Die Farbkombinationen zunächst durch einem Probeanstrich prüfen.

Arbeitstechnik

Eine dünne Schicht Lasur auf die gesamte Fläche mit breiten, weit ausholenden Pinselstrichen oder mit einem großen Badeschwamm aufbringen.

Schnell über die ganze Fläche arbeiten und dabei starke Farbansätze ausgleichen, bevor sie trocknen. Bei diesem Arbeitsschritt spielt es keine Rolle, wenn die Oberfläche nicht überall mit Farbe bedeckt wird oder wenn die Farbe ungleichmäßig verteilt ist.

Den Pinsel bzw. den Schwamm nicht überladen, damit keine Farbe abtropft, und einen trockenen Pinsel oder ein Tuch bereithalten, um ablaufende Farbe schnell auftupfen zu können. Immer wieder zurücktreten, um den Fortgang zu prüfen.

Die erste Farbschicht völlig durchtrocknen lassen, bevor die nächste aufgebracht wird.

Transparente Lasur, die Öl enthält, trocknet langsamer als eine verdünnte Kasein- oder Emulsionsfarbe, so dass mehr Zeit für Korrekturen oder zusätzliches Überarbeiten zur Verfügung steht. Den vorangegangenen Anstrich immer gut trocknen lassen.

Mit transparenten Lasuren
lassen sich Farben phantasievoll mischen
und aufeinander abstimmen.

WISCHTECHNIK: FARBAUFTRAG MIT SCHWAMM ODER LAPPEN

Die Wischtechnik ist eine weitere, recht einfache Methode, die eine Vielfalt von Gestaltungsmöglichkeiten eröffnet, je nachdem, welche Lasuren, Farbkombinationen und Arbeitsmittel eingesetzt werden. Zum Auftragen der Farbe bieten sich Naturschwämme an, künstliche Schwämme, aus denen man zuvor Stücke herausreißt, Baumwolllappen, Fensterleder, Sackleinen und vieles mehr.

Farbmaterial

- **Transparente oder halbtransparente Lasur in einer oder mehreren Farben**

Arbeitsgerät

- **Schwamm oder Tuch**

Vorbereitung

Die Wand sollte glatt und sauber sein. Zwei Schichten weißer Emulsionsfarbe auf ökologischer Basis als Grundierung für die Lasur aufbringen.

Arbeitstechnik

Den Schwamm bzw. das Tuch in die Farbe tauchen und die überschüssige Farbe auswringen.

Das Tuch zu einem losen Knäuel zusammenballen. Mit dem Schwamm oder dem Lappen zuerst auf Zeitungspapier, Karton oder ähnliches tupfen, um die Wirkung zu testen. Statt gleich die Wand zu benetzen, empfiehlt sich das immer, wenn der Schwamm oder Lappen frisch in die Lasur eingetaucht wurde.

Nun mit dem Schwamm oder Lappen schnell und ohne systematisches Vorgehen die gesamte Wandfläche sacht betupfen. Es schadet nicht, wenn Stellen ausgelassen werden – die werden beim nächsten Mal erfaßt.

Jede Schicht gründlich trocknen lassen, bevor die nächste aufgebracht wird. Man kann mit mehreren Farben experimentieren oder mit Abstufungen derselben Farbe. Immer mit der dunkelsten Farbe beginnen.

Eine andere Struktur ergibt sich, wenn man einen Lappen in die Lasur taucht, auswringt und dann zu einer Wurst formt, die man in beliebige Richtungen über die Wand rollt.

Die Art und Form des Schwammes oder Lappens wird nach der Wirkung ausgewählt, die erzielt werden soll.

ROLLTECHNIK: STRUKTUREN MIT DEM FARBROLLER

Diese Arbeitstechnik wurde bei einer großen, neu ausgebauten Scheune angewandt. Die Eigentümer wünschten sich als Kontrast zu ihrer ansonsten recht nüchternen Raumausstattung warme und heimelige Wandoberflächen. Ziel war, eine zeitlose Atmosphäre zu schaffen, in der einerseits das Alter des Gebäudes gewürdigt wird, andererseits aber auch zum Ausdruck kommt, dass eine moderne Umgestaltung stattgefunden hat.

Farbmaterial

- **Pigmentkonzentrate oder Pigmente**
- **Lasur**

Arbeitsgerät

- **Langhaarpinsel**
- **Farbroller mit Schaumstoffauflage, aus der Stücke herausgerissen werden**

Vorbereitung

Die Wand sollte glatt und sauber sein. Zwei Schichten weiße oder farbige Emulsion auf ökologischer Basis als Trägerschicht für die Lasur aufbringen.

Herstellung

Zwei Lasuren nach Herstellerangaben zubereiten, z.B. eine in Umbra, eine in Ockergelb. Hat man Bedenken, ob der gewünschte Effekt zu erreichen ist, einfach das Farbmaterial stärker verdünnen, das Resultat ist dann weniger intensiv gefärbt.

Arbeitstechnik

Den Pinsel erst in die eine Farbe tauchen, dann in die andere.

Diese Mischung in lockerer Weise kreuz und quer auftragen. Dadurch werden jedes Mal andere Anteile jeder Farbe aufgebracht, was zu leichten Farbvariationen führt, in diesem Beispiel mal mehr braun, mal mehr gelb – mit einem honigfarbenen Hauch über allem.

Es empfiehlt sich, bei dieser Technik mit einem Partner zu arbeiten – einer trägt die Farbe auf, der andere zieht dann mit dem mit Löchern versehenen Farbroller die Farbe in ein unregelmäßiges Muster, bevor sie trocknet.

Die ganze Fläche zügig von einer Seite zur anderen bearbeiten und dabei aufpassen, dass keine harten Farbansätze entstehen und trocknen (die Wandoberfläche sieht aber auch gut aus, wenn nicht alles perfekt wird).

Die gesamte Fläche mehrmals überstreichen, bis die gewünschte Farbtiefe erreicht ist. Jede Schicht vor dem nächsten Farbauftrag gründlich trocknen lassen.

Mit der Streich- und Rolltechnik wird eine intime, warme und harmonische Atmosphäre geschaffen.

STUPF- UND TUPFTECHNIK

Einfache aber wirkungsvolle Muster können leicht mit einer trockenen Stupfbürste oder einer vergleichbaren Bürste mit kurzen, harten Borsten erzeugt werden.

Farbmaterial

- **Pigmentkonzentrate oder Pigmente**
- **Lasur**

Arbeitsgerät

- **Langhaarpinsel**
- **Stupfbürste**

Vorbereitung

Die Wand sollte glatt und sauber sein.

Zwei Schichten weiße oder farbige Emulsion auf ökologischer Basis als Grundierung für die Lasur aufbringen.

Herstellung

Eine Lasur nach den Angaben auf der Dose/Packung herstellen.

Arbeitstechnik

Die Lasur mit lockeren Pinselstrichen auftragen.

Dabei eine oder mehrere Farben verwenden (siehe Seite 110). Auffällige Pinselstriche während des Weiterarbeitens mit demselben Pinsel leicht austupfen. Auch bei dieser Technik ist es am besten, zu zweit zu arbeiten, wobei der eine die Farbe aufträgt und der andere anschließend mit der trockenen Stupfbürste kräftig in die noch nasse Farbe hineinstupft, so dass die darunterliegende Farbschicht zum Vorschein kommt und ein Tupfenmuster entsteht. Überschüssige Farbe auf der Stupfbürste von Zeit zu Zeit mit altem Papier entfernen. Bei dieser Technik soll ja Farbe weggenommen, nicht zugefügt werden.

Fertige Lasurbinder oder Vorstreichlasuren

Lasuren als Fertigprodukte sind so eingestellt, dass sie länger verarbeitungsfähig bleiben. Dies bedeutet, dass mehr Zeit für kreatives Überarbeiten bleibt, z.B. durch Stupfen und Tupfen mit der Bürste (siehe Seite 112) oder mit Schwamm oder Lappen (siehe Seite 116).

Ölhaltige Lasuren sind zum Experimentieren mit den hier vorgestellten selbsthergestellten Farben besser geeignet, weil sie langsamer trocknen als verdünnte Emulsionen. Doch auch die Trokkenzeit einer Emulsion läßt sich verlängern, indem man pro Liter Emulsion einen Esslöffel Glyzerin beimischt.

Ebenfalls langsamer trocknet die Farbe bei geschlossenen Türen und Fenstern, aber das ist nur zu empfehlen, wenn die Mischung keine Lösungsmittel enthält. Je mehr Lösungsmittel Lasuren auf Ölbasis enthalten, desto kürzer ist die Trockenzeit.

Kammzugtechnik

Dies ist eine Abwandlung der Stupftechnik (siehe Seite 112).

Zuerst wird auch hier auf den farbig grundierten Untergrund eine Lasur aufgetragen, aber diesmal wird die Farbe des Untergrunds dadurch sichtbar, dass man mit einem langborstigen Pinsel oder mit einem Kamm durch die nasse Farbe fährt.

Es ist schwierig, auf einer längeren Strecke gerade Linien zu ziehen, aber individuelle, auch wellige Linien können durchaus attraktiv wirken. Es kann vorteilhaft sein, eine Lasur zu verwenden, deren Farbe deutlich mit dem Untergrund kontrastiert, d.h. die auf dem Farbkreis (Seite 164) weit entfernt von der ersteren liegt.

ABTRAGENDE STUPFTECHNIK

Die abtragende Stupftechnik mit Schwamm und Lappen ist dem Stupfen mit der Bürste (siehe Seite 112) und dem Ziehen und Kämmen (siehe Seite 114) ähnlich, indem auch hier Muster durch das Entfernen nasser Farbe über dem Grundanstrich erzeugt werden, so dass die Untergrundfarbe wieder sichtbar wird.

Farbmaterial

- **Farbkonzentrate oder Pigmente**
- **Lasur**

Arbeitsgerät

- **Langhaarpinsel**
- **Naturschwamm oder flusenfreies Tuch, z.B. aus Baumwolle, Fensterleder, Sackleinen u.a.**

Vorbereitung

Die Wand sollte glatt und sauber sein. Zwei Schichten weiße oder farbige Emulsion auf ökologischer Basis als Grundierung aufbringen.

Herstellung

Eine Lasur nach den Angaben auf der Dose oder Packung herstellen.

Arbeitstechnik

Die Farbe mit breit ausholenden Bewegungen auftragen. In die sichtbaren Pinselstriche danach sofort mit demselben Pinsel hineinstupfen. Dann durch Tupfen mit einem Schwamm oder einem zusammengeballten Lappen etwas Farbe entfernen, solange sie noch nass ist. Den Schwamm regelmäßig auswaschen bzw. immer wieder einen neuen Lappen nehmen, damit sich darauf keine Farbe ansammelt.

Recht zügig über die ganze Fläche arbeiten, bevor die Farbe trocknet und harte Ansätze auf der Wand bildet. Am besten wieder mit einem Partner arbeiten, wobei der eine die Farbe aufträgt und der andere mit Schwamm bzw. Lappen hinterher arbeitet. Wer alleine arbeitet, sollte sich immer nur eine Fläche von etwa 1 m^2 vornehmen und dabei darauf achten, dass harte Farbübergänge nicht trocknen und dunkle Streifen dort entstehen, wo die Abschnitte sich überlappen.

Mit der abtragenden Stupftechnik entstehen
interessante Strukturen, die sich
für viele Bereiche im Haus eignen.

ABTRAGENDE WICKELTECHNIK

Auch mit der abtragenden Wickeltechnik werden Strukturen und Effekte durch das Entfernen von Farbe erzeugt (siehe auch Seite 116). Man kann beispielsweise einen Lappen zur Wurst drehen und die Wand hinaufrollen, wobei der Lappen häufig erneuert werden sollte. Eine andere Möglichkeit besteht darin, die Lasur mit Zeitungspapier, Seidenpapier oder zerknüllten Plastiktüten zu entfernen.

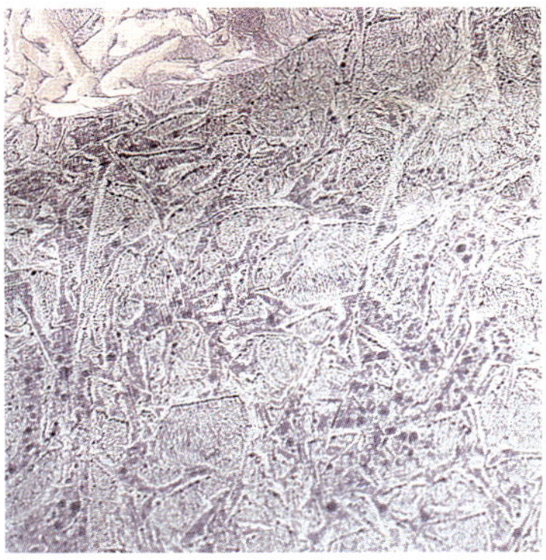
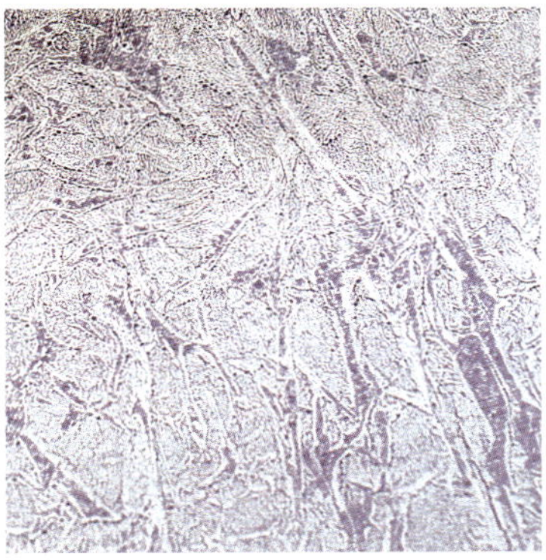

Durch Experimentieren mit verschiedenen Materialien lassen sich interessante und ungewöhnliche Effekte erzielen.

SCHABLONIEREN

Das Schablonieren ist eine wenig kostenaufwendige Methode, um Anstrichen dekorative Details zuzufügen. Wenn die Technik erst einmal beherrscht ist, eröffnen sich enorme kreative Möglichkeiten. Ei-Temperafarbe (Rezeptur siehe Seite 88) ist sehr gut zum Schablonieren geeignet. Formen und Muster, die auf Stoffen oder dekorativen Details bereits im Raum vorhanden sind, liefern Anregungen für die Herstellung der Schablonen. Einfache Formen und Muster sind am besten geeignet.

Farbmaterial

- **Farbe oder Lasur**

Arbeitsgerät

- **Richtschnur**
- **Meterband**
- **Wasserwaage**
- **Fertige Schablone bzw. Schablonenpappe (mit Leinöl behandeltes Manilapapier) oder Acetatfolie (dicke Pappe tut's zur Not auch)**
- **Cuttermesser**
- **Zellulose-Klebeband**
- **Schablonierpinsel oder festes Schwämmchen**

Vorbereitung

Die Wand sollte glatt und sauber sein. Zwei Schichten weiße oder farbige Emulsion auf ökologischer Basis als Grundierung auftragen. Die Lage der Muster genau mit Richtschnur, Meterband und Wasserwaage an der Wand markieren, wenn Bordüren oder regelmäßig wiederkehrende Strukturen entstehen sollen.

Herstellung

Für eigene Schablonen wird der Entwurf auf ein Stück Schablonenpapier/ Kunststofffolie/ Pappe aufgezeichnet und mit dem Cuttermesser ausgeschnitten.

Arbeitstechnik

Die Schablone entweder mit der Hand halten oder mit dem Zelluloseklebeband fixieren.

Die Farbe sollte ausreichend dickflüssig sein, damit sie nicht unter den Rand der Schablone sickert.

Pinsel oder Schwämmchen nur in sehr wenig Farbe tauchen und den Überschuss auf einem Tuch oder Zeitungspapier abstreifen. Am Rand des Musters beginnen und nach innen arbeiten, indem die Farbe oder Lasur sorgfältig aufgetupft wird.

Danach die Schablone noch einige Augenblicke an der Stelle belassen, damit die Farbe etwas antrocknen kann. Die Schablone regelmäßig reinigen, damit sich keine Farbe am inneren Rand ansammelt.

Einfache Formen und Symbole sind die beste Wahl für eine selbst hergestellte Schablone.

NEGATIVES SCHABLONIEREN

Eine Form aus Schablonenpapier oder Kunststofffolie ausschneiden und als Abdeckung an die gewünschte Stelle positionieren. Jetzt Farbe oder Lasur um die Abdeckung herum auftragen. Wenn sie abgenommen wird, erscheint die ursprüngliche Untergrundfarbe in der Form der Schablone.

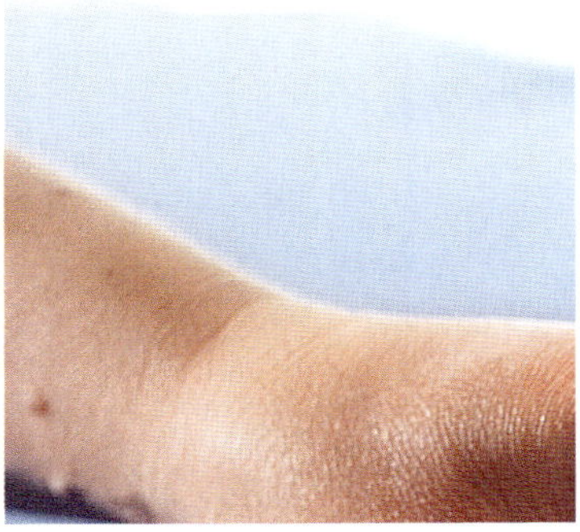

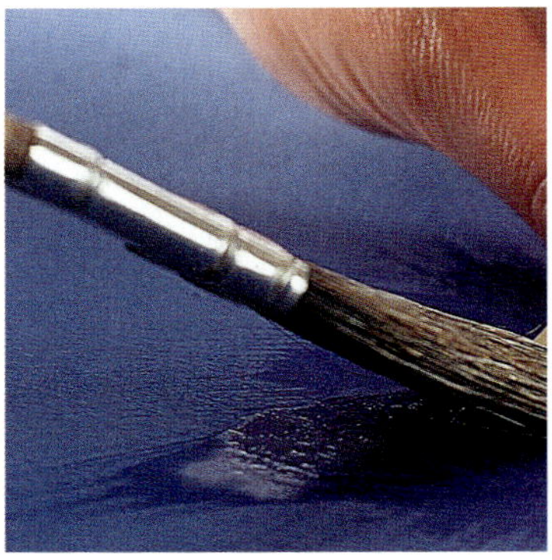

ABDECKEN MIT WACHS

In diesem Fall wird das Muster statt mit Farbe mit weichem Möbelwachs auf die vorbereitete Wand schabloniert. Wird anschließend die gesamte Fläche lasiert, nehmen die gewachsten Stellen die Lasur nicht an. Wenn das Wachs dann vorsichtig entfernt wird, kommt die Untergrundfarbe im Muster wieder zum Vorschein.

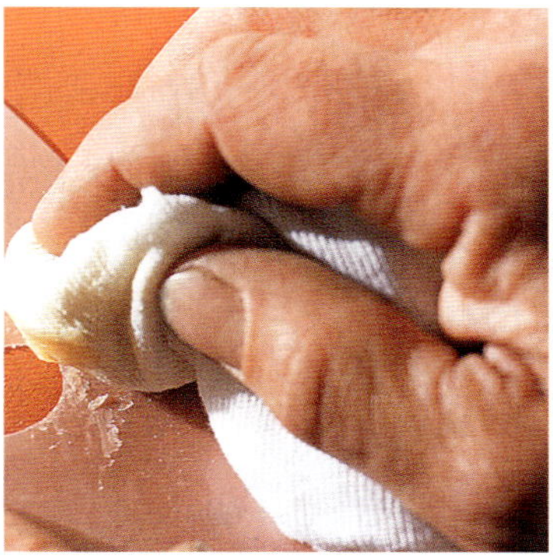

Schablonieren mit Öllasur oder Wachs

Öllasur und Möbelwachs eignen sich besonders gut zum Schablonieren auf einem Untergrund aus Kaseinfarbe, weil das Muster einfach in einer dunkleren Schattierung der ursprünglichen Farbe erscheint.

Anschleifen

Nach dem Trocknen kann man die schablonierten Formen mit feinem Sandpapier leicht anschleifen, um ihnen ein weicheres oder „gealtertes" Aussehen zu verleihen.

FREIHANDMALEN

Einige der Farbenrezepturen aus dem vorherigen Kapitel lassen sich gut für freihandgemalte dekorative Details verwenden. Bei schwierigen Mustern oder auch, wenn kalligraphische Buchstaben und Schriftzüge auf die Wand aufgebracht werden sollen, ist zu empfehlen, mit einem feinen Bleistift, mit Kreide oder mit Kohle zuerst den Umriß zu skizzieren, bevor die Fläche mit Farbe ausgefüllt wird.
Auch wer meint, nicht über so viel Kunstfertigkeit zu verfügen, um komplizierte Muster oder ein großes Wandgemälde herzustellen, kann einer Wand ganz individuelle Gestaltungsmerkmale verleihen: Mit Eiweißfarbe (Rezeptur siehe Seite 84) zum Beispiel, oder auch mit einer einfachen halbtransparenten Lasur auf Quarkbasis (Seite 48) können mit Hilfe einer großen, weichen Bürste großflächig sanfte Farbschleier aufgetragen werden, so dass die Flächen einen subtilen Eindruck von Bewegung erhalten.
Auf einem solchen Untergrund kommen dann handgemalte oder schablonierte Details sehr schön zur Geltung.
Eine Wand wiederum, die mit regelmäßig aufgetragenen Schablonenmotiven bemalt ist, gewinnt durch freihändig zugefügte Details viel an künstlerischem Ausdruck.
Mit einem Künstlerpinsel oder Linierpinsel lassen sich Formen umranden, „falsche" Schatten malen (die Rezeptur für Farbe auf Wassergrundlage, Seite 86, ist dafür gut geeignet) oder in einer Kontrastfarbe mit Ei-Tempera (siehe Seite 88) kleine Tupfer hinzufügen – der Phantasie sind keine Grenzen gesetzt!

Eine ruhige Hand ist entscheidend
für gute Freihandmalereien.

LASUR ALS ENDANSTRICH

Eine Lasur, als Endanstrich auf die gesamte Malerei aufgetragen, verbindet die einzelnen schablonierten Muster miteinander und läßt sie in den Hintergrund treten. Die Lasur kann mit etwas Pigment abgetönt werden – ungebrannte oder gebrannte Umbra wird oft benutzt, um die Farben ein wenig matter erscheinen zu lassen und den Mustern ein warmes, etwas abgenutztes Aussehen zu geben.

Durch eine Öllasur wirkt die Wandfläche satter und erhält mehr Tiefe. Man kann mit der Lasur auf Quark-Öl-Basis (Seite 50) experimentieren oder mit der transparenten Öllasur (Seite 72). Durch den Anteil an Leinölfirnis, den beide Rezepturen enthalten, benötigt die Lasur mehr Zeit zum Trocknen als eine fertig gekaufte Lasur. Wird eine Lasur auf Kaseinfarbe aufgebracht, erscheint die Farbe bis zum Trocknen der Lasur transparent.

Die Lasur läßt die darunterliegende Farbe dunkler erscheinen und gibt ihr einen leichten Schimmer. Außerdem wird die Oberfläche schmutzabweisender und abwischbar. Diese Eigenschaft ist vielseitig nutzbar: Flurwände können zum Schutz bis zur Sockelhöhe mit Öllasur versehen werden, ebenso Treppenaufgänge, so weit Kinderhände reichen. Fehlt eine Sockelleiste, kann ein Farbfries aus schablonierten Elementen die Begrenzung in der gewünschten Höhe anzeigen.

Für eine matte, aber nicht abwischbare Oberfläche ist eine verdünnte Version der Leimfarbe auf Zellulose-Basis (Seite 60) geeignet, wenn die Schlämmkreide weggelassen wird. Die Bierlasur (Seite 82) kann ebenfalls benutzt werden, um einer mit Schablonenmuster versehenen Wandoberfläche mehr Weichheit zu verleihen.

Ein Lasurauftrag über den schablonierten
Mustern verbindet die Flächen miteinander
zu einer Gesamtgestaltung

Holz- und Fußbodenbehandlung

Holz wird besonders wegen seiner Schönheit, Festigkeit und Elastizität als Material für Fußböden geschätzt. Es gibt gute Gründe, dieses Naturmaterial auch natürlich zu behandeln, statt es mit einer Schicht aus synthetischen Produkten, z.B. Polyurethanlack, zu überziehen.

Holz war einmal ein lebender Baum. Es hat Poren und reguliert seinen Feuchtigkeitsgehalt durch Dampfausgleich mit seiner Umgebung. Warum sollte man Holz mit Kunststoff versiegeln und es daran hindern, sich so natürlich zu verhalten wie es ist, wenn es mikroporöse Öle und Wachse gibt, die das Holz schützen und gleichzeitig offenporig belassen?

OBERFLÄCHENBEHANDLUNG MIT AROMATISCHEN ÖLEN

Werden die Poren des Holzes mit natürlichem Öl gefüllt, kann weniger Feuchtigkeit eindringen und das Holz sich nicht so stark ausdehnen oder zusammenziehen. Die Bewegungen des Holzes macht der Anstrich mit. Wenn Feuchtigkeit eindringt, wird sie nicht durch einen harten, wasserdichten, synthetischen Firnis eingeschlossen, sondern kann durch den mikroporösen Anstrich entweichen.

Natürliche Öle sind den Ölen sehr ähnlich, die der Baum selbst zum eigenen Schutz für seine Ernährung produziert. Pflanzenöl eignet sich sehr gut zur Holzimprägnierung, weil seine molekulare Struktur viel feiner ist als die von synthetischem Harz. Die Moleküle von Leinöl sind beispielsweise zehnmal so klein wie die engsten Durchlässe in der Zellstruktur von Holz. Deswegen kann sich das Öl besonders tief mit dem Harz verbinden, das schon im Holz ist.

Tiefes Eindringen und eine gute Verbindung sind die Voraussetzung für Dauerhaftigkeit. Ein solcher Anstrich läßt sich nicht ablösen oder abkratzen, weil er jetzt ein Teil des Holzes geworden ist. Er kann auch leicht ausgebessert werden: Einfach die Stelle reinigen und erneut Öl bzw. Wachs auftragen. Im Gegensatz dazu bleibt beim Ausbessern von synthetischen Firnissen ein Schwachpunkt, denn immer ist der Übergang sichtbar, der neue Anstrich verbindet sich schlecht mit dem alten, und die ausgebesserte Stelle glänzt stärker als die sie umgebende Beschichtung. Letztendlich muß man vielleicht den gesamten Boden wieder abschleifen und von vorne beginnen.

Wenn man den Boden mit pflanzlichen Produkten behandelt, ist das auch ein Erlebnis für die Sinne. Man kann zusehen, wie die Farbe und die Maserung des Holzes wunderbar zum Vorschein kommen. Werden dem Oberflächenmittel ein paar Tropfen Duftöl beigefügt, wie z.B. Wachholder oder Sandelholz, dann erhält es sogar noch eine aromatische Dimension. Im Gegensatz dazu verdeckt ein Kunststoffüberzug die abwechslungsreiche Struktur des Holzes, und statt einen natürlichen Stoff zu berühren, fasst man eine Mischung synthetischer Chemikalien an.

Farbmaterial

- **100 ml Leinölfirnis**
- **Je 15 Tropfen ätherisches Öl von Zedernholz, Zypressen und Kiefer**

Arbeitsgerät

- **Flusenfreies Tuch**

Herstellung

Das Duftöl dem Leinöl zufügen

Arbeitstechnik

Die Ölmischung mit einem flusenfreien Tuch in Richtung der Maserung in das Holz einreiben. Mehrmals wiederholen.

Eine geölte oder gewachste Oberfläche ist von Natur aus antistatisch und damit schmutzabweisend, aber die Behandlung muss von Zeit zu Zeit wiederholt werden. Wessen Leben zu hektisch ist, um sich dafür Zeit zu nehmen und zu genießen, wie sich allmählich die tiefe, reife Oberflächenbeschaffenheit herausbildet, sollte eines der neu entwickelten Produkte wählen, die natürliche Rohstoffe mit moderner, wartungsarmer Technologie vereinen.

FARBLASUR

Wird unbehandeltes Holz mit einer verdünnten Emulsion oder mit Kaseinfarbe lasiert, tritt die natürliche Holzmaserung ebenso hervor wie bei einer Holzbeize.

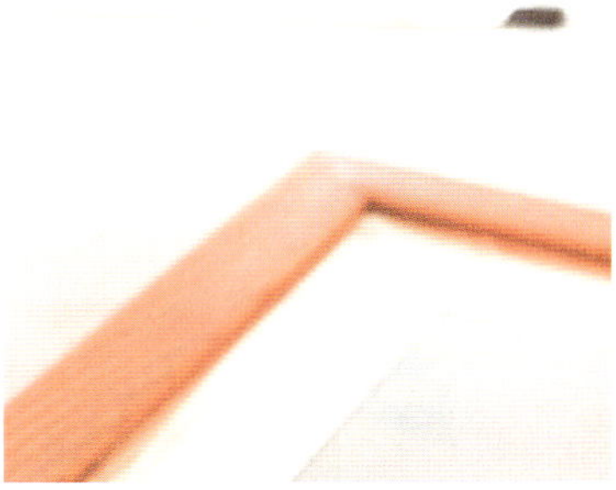

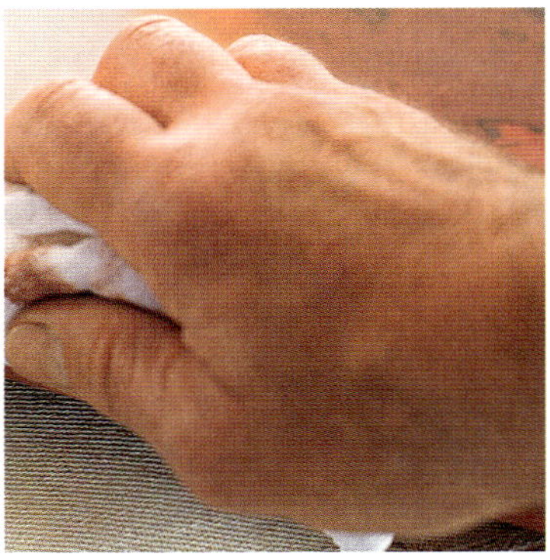

Farbmaterial

- **Verdünnte farbige Emulsion auf ökologischer Basis oder Kaseinfarbe**
- **Öl und/oder Möbelwachs**

Arbeitsgerät

- **Pinsel**
- **Feines Schmirgelpapier**
- **Flusenfreies Tuch**
- **Lappen, harte Bürste oder sehr feine Stahlwolle**

Vorbereitung

Wird Holz mit einer Farbe auf Wasserbasis gestrichen, stellen sich die Holzfasern auf, und die Oberfläche wird rau. Das kann verhindert werden, indem das Holz vor dem Farbauftrag mit warmem Wasser benetzt wird. Das Wasser sollte einige Minuten einwirken können, bevor es mit einem Tuch wieder abgewischt wird. Nun das Holz gründlich trocknen lassen und dann mit feinem Schmirgelpapier ohne Druck die aufgestellten Holzfasern glatt schmirgeln.

Arbeitstechnik

Die Lasur in Richtung der Maserung aufstreichen. Bevor sie trocknet, den Überschuß mit einem flusenfreien Tuch abwischen, damit die jetzt farbige Maserung wieder sichtbar wird. Dann gründlich trocknen lassen.

Die Oberfläche erhält durch eine Behandlung mit Öl und/oder Möbelwachs einen Schutz und wird wasserabweisend und wischfest. Anschließend die Oberfläche mit einem Lappen, einer harten Bürste oder sehr feiner Stahlwolle zu einem seidigen Glanz polieren.

Die natürliche Maserung dieses einfachen Bilderrahmens kommt durch die Farblasur gut zur Geltung.

WACHSEN

Die natürliche Holzstruktur tritt auch dann hervor, wenn farbiges Wachs in die Poren eingearbeitet wird. Normalerweise verwendet man dazu Weißwachs, aber es gibt keinen Grund, dem Wachs nicht auch beliebige andersfarbige Pigmente zuzusetzen.

Farbmaterial

- **Weißwachs**
- **Natürliche Pigmente**

Arbeitsgerät

- **Drahtbürste**
- **Harte Bürste**
- **Flusenfreies Tuch**

Arbeitstechnik

Das natürliche Pigment mit dem Wachs mischen. Mit einer harten Bürste das Wachs in das Holz einarbeiten und vor dem Antrocknen das überschüssige Wachs mit einem flusenfreien Tuch wegpolieren.

Manche Holzarten haben eine stärkere Maserung und nehmen daher mehr Wachs auf. Wenn man mit einer Drahtbürste fest und sorgfältig entlang der Maserung bürstet, wird sie stärker betont.

Gewachstes Holz hat eine attraktive Oberfläche, wobei das Holz weiterhin offenporig bleibt.

PATINIEREN MIT KASEINFARBE

Dies ist eine sehr attraktive Methode, Holzmöbel zu streichen, besonders wenn sie Zierformen aufweisen, die sich dadurch betonen lassen.

Farbmaterial

- Kaseinfarbe
- Möbelwachs

Arbeitsgerät

- Kleiner Pinsel
- Feine Stahlwolle
- Weicher Lappen

Vorbereitung

Das Möbelstück mit zwei bis drei Schichten Kaseinfarbe bemalen, wobei jedes Mal der vorherige Farbauftrag gründlich trocknen muss. Man könnte für jeden Anstrich eine andere Farbe verwenden.

Arbeitstechnik

Zuerst die gesamte bemalte Fläche mit feiner Stahlwolle leicht schmirgeln, damit eine glatte Oberfläche entsteht. Dann den Druck an manchen Stellen verstärken, bis die oberste Farbschicht abgetragen ist oder hier und da sogar das Holz hervorschaut. Es bietet sich an, besonders die Stellen zu bearbeiten, die auch von Natur aus stärker abgenutzt werden, wie zum Beispiel Kanten, Ecken, Griffe und Zierformen.

Den Farbstaub mit einem weichen Lappen entfernen. Zum besseren Schutz anschließend Möbelwachs mit einem Lappen auftragen und polieren, bevor es ganz getrocknet ist. Das Wachs gibt der Farbe einen dunkleren Ton.

Ein Kaseinanstrich mit „Patina" hebt die natürliche Schönheit dieses hölzernen Bilderrahmens hervor.

PATINIEREN DURCH WACHSAUFTRAG

Eine Variante zum Patinieren mit Kaseinfarbe (siehe Seite 136) ist der Auftrag von Wachsflecken, entweder auf dem unbehandelten Holz oder zwischen einzelnen Farbschichten, damit dort die nächste Farbschicht nicht angenommen wird. Dies erleichtert das spätere Abreiben der oberen Farbschichten.

Möbelwachs, reines Bienenwachs oder auch Kerzenwachs auf die Stellen auftragen, die normalerweise besonders strapaziert werden. Die Farbe, wie auf Seite 136 beschrieben, aufstreichen und wenn sie getrocknet ist, mit einer Spachtel an den eingewachsten Stellen wieder abtragen. Mit feiner Stahlwolle die Oberfläche leicht abschmirgeln, um Wachsreste zu entfernen und sie zu glätten. Schließlich mit Öl oder Möbelwachs schützen.

Oberflächen mit „Patina“ sehen bei älteren Möbelstücken schön aus, sind aber auch geeignet, modernen Möbeln einen besonderen Pfiff zu geben.

Putzoberflächen

LEHM UND PUTZ

Wenn bei einem Umbau oder einer Renovierung Wände neu verputzt werden sollen, sind selbsteingefärbte Verputze wie z.B. Lehmputze, geglättete venezianische Putze oder eingefärbte Gipsputze auf jeden Fall eine Überlegung wert. Der Vorteil besteht darin, dass diese Putze weder gestrichen noch tapeziert werden müssen, also eine weitere Oberflächenbehandlung überflüssig machen und eine Vielzahl attraktiver Strukturen und Ausführungsvarianten zur Verfügung stehen.

Bei Kalkputzen ist es sogar möglich, Pigmente direkt auf die nasse Putzfläche aufzubringen – bekannt als Freskotechnik. Die Freskomalerei ist eine uralte, klassische Art der Wanddekoration und in alten Kulturstätten wie Pompeji noch heute in recht gutem Zustand zu besichtigen.

Das Herstellen und Aufbringen von Putzen erfordert Fachwissen und handwerkliches Können, so dass es meist sinnvoll ist, diese Arbeit einem ausgebildeten Handwerker zu überlassen.

Lehmputze enthalten bereits Farbe, wodurch ein zusätzlicher Farbanstrich entfällt. Sie sind in mehreren weichen Farbtönen wie Rot, Gelb und Grün erhältlich.

Lehmputz

Lehm ist eines der ältesten Baumaterialien. Dies ist nicht verwunderlich, da er zu den häufigsten auf der Erde vorkommenden Stoffen gehört. Lehm ist umweltfreundlich - im Vergleich zu Kalk und Gips wird zu seiner Herstellung wenig Energie benötigt und das Endprodukt kann problemlos in die Umwelt zurückgeführt werden. Baustoffe aus Lehm sind nach wie vor zeitgemäß, denn sie besitzen Eigenschaften, die in modernen wie auch in älteren Gebäuden gefragt sind: Wände aus Lehm können hervorragend wärmespeichern, sie sind dampfdurchlässig, feuchtigkeitsausgleichend und tragen zu einem gesunden Raumklima bei. Lehmwände absorbieren Gerüche und haben ein gutes Schallschutzvermögen – vieles spricht also für den Baustoff Lehm!

Anders als andere Verputze sind Lehmputze in der Verarbeitung einfach zu handhaben.

Während Gipsputz schnell verarbeitet werden muss, kann man Lehm über Nacht stehen lassen und am nächsten Tag mit ein bisschen Wasser wieder auffrischen. Auch nach dem Aufbringen kann Lehmputz noch für längere Zeit bearbeitet werden, was Raum für Experimente schafft.

Lehmputz besteht gewöhnlich aus Lehm, feinem Zuschlag, organischen Fasern und Pigment. Die Zugabe nachwachsender Rohstoffe wie Stroh und Zellulose reduzieren nicht nur den Anteil an Lehm, sondern verleihen dem Putz eine größere Formbarkeit, wodurch zum Beispiel runde, fließende Formen aufgebaut werden können.

Fertige Lehmputze gibt es in weichen Farbtönen zu kaufen wie z.B. in rot, gelb und grün. Um die Farbpalette zu erweitern, können sie untereinander gemischt oder andersfarbene Pigmente hinzugefügt werden. Lehmputze sind für Innenräume geeignet, sollten aber mit Öl oder Wachs geschützt werden, wenn sie öfter mit Feuchtigkeit in Kontakt kommen, wie in Küchen und Badezimmer.

MARMORINO – VENEZIANISCHER EDELPUTZ

Die Technik des Herstellens und Aufbringen von venezianischem Edelputz wird in Norditalien seit langem von Generation zu Generation weitergegeben. Das Wort Marmorino ist abgeleitet von Marmor und bezeichnet einen Kalkputz, der fein gemahlenen Marmorstaub enthält. Echtes Marmorino hat einen Marmoranteil von mindestens 40%. Dieser Putz ist sehr dauerhaft und wartungsarm. Der Marmor wird zerstoßen, gemahlen, gewaschen und gesiebt und dann mit Kalkbrei vermischt. Marmorino wird im allgemeinen als fertige Paste angeboten und ist, genau wie reiner Löschkalk, unter Luftabschluss nahezu unbegrenzt haltbar.

Marmorino ist sowohl als weißes Pulver erhältlich, das mit kalkverträglichen Pigmenten selbst abgetönt werden kann oder schon in eingefärbter Form. Der Putz wird auf die übliche Art aufgebracht, doch sind besondere Techniken bei der Oberflächenbehandlung erforderlich. Er wird mit speziellen Werkzeugen geglättet, wobei die Intensität des Glättens die Oberflächenbeschaffenheit bestimmt – von matt bis hochglänzend. Die Wände sind dann eigentlich mit einer Steinschicht bedeckt – Kalkstein und echter Marmor mit seinem charakteristischen tiefen Glanz. Auch dieser Putz nimmt die Umgebungsfeuchtigkeit auf und gibt sie wieder ab.

Durch Marmorino wird eine schöne, dauerhafte Oberfläche geschaffen, die in jedem Innenraum gut aussieht.

GEFÄRBTE NATURGIPSPUTZE

Naturgipsputze sind erst seit relativ kurzer Zeit zur Reihe der durchgefärbten Putze dazugekommen. Gipsputz besteht im wesentlichen aus Calciumsulfat-Halbhydrat und eignet sich zum Verputzen aller Trägerschichten, auf denen moderne Gipsputze aufgebracht werden können. Gipsputz ist nicht ganz so umweltfreundlich wie Lehmputz. Gefärbter Naturgipsputz besteht aus weißem Gips und ungiftigen, kalkverträglichen Pigmenten, was das Überstreichen mit Farbe erspart.

Gefärbte Naturgipsputze sind für Innenräume geeignet und inzwischen in einer großen Farbpalette erhältlich. Sie können mit den üblichen Putztechniken und Werkzeugen aufgebracht werden.

Eingefärbte natürliche Putze sind inzwischen in einer großen Vielfalt von Farben erhältlich.

FRESKO

Fresko (von dem italienischen Wort fresco = frisch) ist eine Art Wandmalerei. Es ist eine langwierige und aufwendige Technik, bei der drei Schichten unterschiedlicher Kalkputze in schneller Folge aufgebracht werden, worauf dann die eigentliche Deckschicht folgt. Für die Deckschicht werden kalkverträgliche Pigmente in Kalkwasser aufgelöst und auf die oberste Putzschicht gestrichen, solange sie noch nass ist. Der Erfolg ist von einer guten Vorbereitung abhängig, denn jeder Pinselstrich ist endgültig. Beim Trocknen findet die Karbonatisierung statt (siehe die Rezeptur für Kalktünche auf Seite 62). Das Pigment wird in diesen Prozess eingebunden und in die Putzoberfläche integriert, wodurch die Freskotechnik eine äußerst dauerhafte Farbgebung für Wände ermöglicht.

Die Freskotechnik ist ein sehr gutes Beispiel dafür, dass Bauen und Dekorieren eigentlich Hand in Hand gehen. Beispiele für diese Technik sind auf der ganzen Welt zu finden, z.B. in Europa, China, Indien und Russland. Obwohl Freskoarbeiten aus dem sechzehnten Jahrhundert v. Chr. in Griechenland und Marokko erhalten sind, hatte diese Technik ihre Blütezeit in der italienischen Renaissance, unter den Händen von Leonardo da Vinci, Michelangelo und Raphael. Auch wer nicht in der Sixtinischen Kapelle wohnt oder in der Lage ist, solche feine Kunstwerke in Auftrag zu geben, kann mit einer Freskobordüre oder ein paar Farbblöcken eine äußerst wirkungsvolle Dekoration schaffen.

Es ist ein faszinierender Gedanke, dass das wieder auflebende Interesse an Naturmaterialien und traditionellen Handwerkskünsten möglicherweise zu einer Renaissance der Freskotechnik beitragen kann!

Wände des Badezimmers auf Burg Runkelstein.
Seite 146: Ein Fresko von Fleur Kelly, das Motive antiker römischer Fresken aufgreift.

Diese und gegenüberliegende Seite: Die im Lauf
der Jahre gesammelten Schätze geben dem
Zuhause eine persönliche Note

DAS ZUHAUSE - ORT DER GEBORGENHEIT

Das Haus ist Ausdruck des Menschen, und unser Umgang mit Raum ein Schlüssel für das Verständnis unseres Inneren. Die Geschichte des menschlichen Bewußtseins läßt sich an unseren Bauten ablesen, angefangen von den runden Behausungen frühgeschichtlicher Völker bis zu den heutigen rechteckigen Gebäuden. Das Rechteck symbolisiert den Menschen, aber auch die Erde, zu der er gehört. Der Kreis symbolisiert den Ursprung des Menschen.
Ein Haus zu bauen bedeutet, einen Bereich von Frieden, Ruhe und Schutz zu schaffen - eine Nachbildung des Mutterleibs. Es ist ein Ort, wo wir die Welt draußen lassen können und geschützt sind vor äußeren Gefahren.

Suzy Chiazzari in: *Das heilende Heim*

Die ungleichmäßigen Farbstrukture
der Wandoberfläche steigern die Wirkung de
streng minimalistischen Raumausstattun

Heute lebt die Mehrheit der Menschen im Westen in Städten, da auf dem Land schwerer Arbeit zu finden ist als früher. Der wirtschaftliche und gesellschaftliche Druck auf den Einzelnen hat kontinuierlich zugenommen, besonders im städtischen Umfeld, so dass wir mehr als je zuvor einen Zufluchtsort benötigen. Wie ist es nun möglich, ein Gefühl von Frieden und Schönheit in unserem Zuhause zu bekommen, einen geweihten Ort zu schaffen, der unseren Körper, unseren Geist und unsere Seele kräftigt und belebt?

Zunehmend wird uns bewusst, dass wir unsere Umwelt achten müssen, wenn wir auch morgen noch eine Zukunft haben wollen. Doch obwohl sich viele Menschen im Klaren darüber sind, wie sehr chemische Gifte unserer Erde schaden, ist nur wenigen bewußt, wie stark diese auch im eigenen Haus die Gesundheit und das seelische Wohlbefinden beeinträchtigen können. Die Beziehung zu unseren Wohnräumen spiegelt auch unsere Lebensqualität und Lebensart wider. William Morris postulierte, dass man nichts im Haus haben sollte, das nicht entweder nützlich oder schön ist. Wir können einen Schritt weiter gehen und darauf achten, dass unser Zuhause mit allem, was darin ist, nicht nur schön oder praktisch, sondern auch ungiftig, natürlich, ja sogar gesundheitsfördernd ist.

Die einfachste Behausung kann eine Quelle von Schönheit und Wohlbefinden sein, wenn sie mit Sorgfalt behandelt wird.

Naturfarben an den Wänden, Holz aus nachhaltiger Forstwirtschaft, organische Stoffe aus Baumwolle, Leinen oder Seide – all diese Materialien tragen dazu bei, die Natur wieder ins Haus zu holen. Es gibt Pflanzen und Blumen, die sogar fähig sind, die Luft von Giftstoffen zu reinigen. Es heißt, dass Zimmerpflanzen im einundzwanzigsten Jahrhundert die Technologie der Wahl zur Verbesserung der Luftqualität sein werden. Die wirkungsvollsten Pflanzen in dieser Hinsicht sind die Goldfruchtpalme *(Chrysalidocarpus lutescens)*, die Steckenpalme *(Rhapis excelsa)*, die Bergpalme *(Chamaedorea seifrizii)*, der Gummibaum *(Ficus elastica)* und der Drachenbaum *(Dracaena deremensis)*.

Damit ein Raum schützende und heilende Qualitäten entwikkeln kann, sollte er alle unsere Sinne ansprechen. Ätherische Öle beispielsweise verbreiten nicht nur einen feinen Duft, sondern

haben auch therapeutischen Nutzen, indem sie die Luft reinigen und Infektionen abhalten. Musik beruhigt die Seele, ein Brunnen oder ein anderes Wasserspiel erzeugt ein sanftes Geräusch und produziert gleichzeitig negative Ionen, die Stress oder Spannungen vertreiben. Gesundes Essen ist lebensnotwendig, während das Wahrnehmen unterschiedlicher Strukturen und Formen unseren Tastsinn anspricht. Fundstücke und Souvenirs, die wir vom Wochenende oder von Reisen zurückbringen, können den Reichtum unserer Erlebnisse direkt ins Haus bringen. Handgefertigte Einrichtungsgegenstände, Bilder und Möbelstücke strahlen oft mehr geistiges Leben aus als Fabrikware. Und wenn wir dazu unsere Wände mit Naturfarben streichen, die sich angenehm anfühlen, schön aussehen und oft gut riechen, können wir unsere Sinne letztendlich auf mehreren Ebenen nähren.

Unser Haus ist also ein Zufluchtsort, in den wir ein Stück natürliche Umwelt mit hineinnehmen, und ein Ort der Geborgenheit, der unser inneres Wachstum und unsere Entwicklung widerspiegelt. So gesehen bekommt unser Zuhause eine lebendige, sich ständig wandelnde Qualität und kann ein Quell fruchtbarer Inspiration und Ruhepunkt für alle Bewohner und ihre Besucher sein.

Feng Shui

Feng Shui ist die taoistische Kunst und Lehre des harmonischen Zusammenlebens mit unserer Umgebung. Feng Shui beschreibt die uralte Fähigkeit, vollkommenes Gleichgewicht mit der Natur zu erreichen, und wird seit mehr als viertausend Jahre angewandt. In der östlichen Hemisphäre planen und bauen die Menschen ihre Städte, Häuser, Geschäfte und Innenausstattung mit Hilfe der Weisheit von Feng Shui. Im Laufe der Jahrhunderte hat sich eine Vielzahl von Prinzipien für alle möglichen Probleme im Zusammenspiel von Mensch und Umgebung entwickelt. Feng Shui richtig angewandt, hilft uns, Harmonie und Energie in unser privates und berufliches Leben zu bringen.

Kern des Feng Shui ist die Lehre von den fünf Elementen, deren Prinzipien einfach und leicht anzuwenden sind. Feuer (Hitze), Wasser, Holz, Erde und

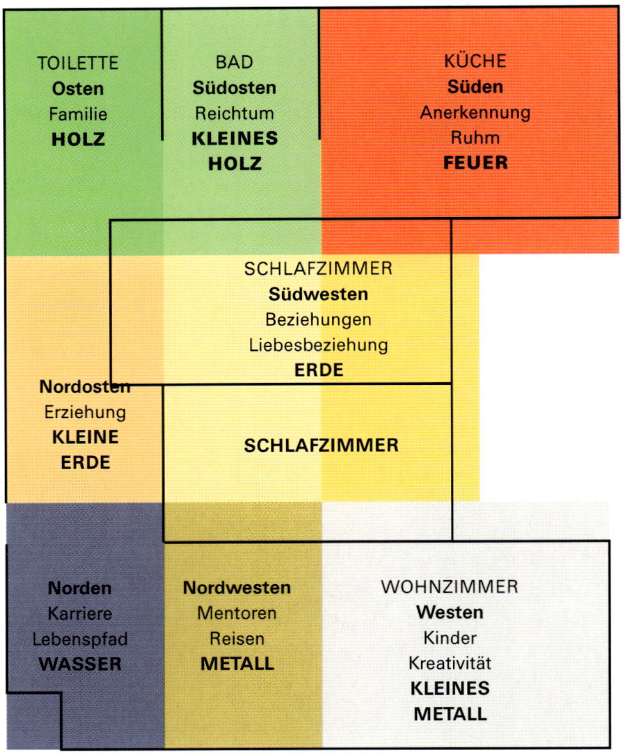

ERDE
Gelb, Orange, Terrakotta, natürliche Farben

METALL
Weiß, Silber, Gold

WASSER
Blau, Schwarz

HOLZ
Grün, Braun

FEUER
Rot, Rosa

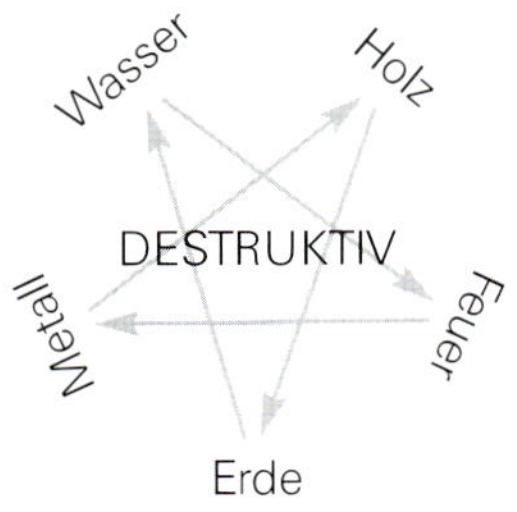

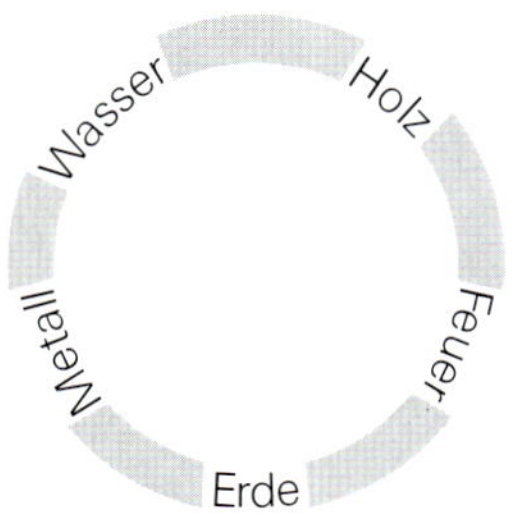

Metall sind allgegenwärtig. Sie stehen in ständiger Beziehung zueinander, indem sie sich entweder unterstützen oder zerstören, und unser Wohlbefinden hängt vom richtigen Gleichgewicht zwischen ihnen ab. Jedes Element ist einem bestimmten Lichtspektrum zugeordnet, so dass wir Gleichgewicht und Fülle im Leben auch dadurch fördern können, indem wir für die Innenräume die richtigen Farben wählen.

Es gibt zwei philosophische Hauptrichtungen des Feng Shui:

• Die *Formschule* legt die Betonung auf Landschaftsformen wie Hügel und Berge, die Lage von Bäumen und Büschen und die Lage und Fließrichtung von Gewässern.

• Die *Kompassschule* basiert auf den acht Trigrammen des I Ching und auf dem magischen Quadrat mit den neun Feldern des lo Shu, und betont die Himmelsrichtungen und Orte.

Beide Schulen sind wichtig und wertvoll, aber wenn wir einfache Lösungen für Alltagsprobleme suchen, bietet sich eher die Theorie der fünf Elemente mit den zugehörigen Farben an, die zur Kompassschule mit der Matrix der acht Zonen gehört.

Innerhalb dieser Matrix hat jedes Trigramm seine eigene Bedeutung und seinen eigenen Ort, und jedes repräsentiert ein anderes Familienmitglied, ein anderes Element und eine andere Himmelsrichtung. Sie sind um die Seiten des achteckigen Pa Kua angeordnet oder innerhalb des magischen lo-Shu-Quadrats mit den entsprechenden Zahlen (siehe Diagramm). Die Bedeutungen der Trigramme beziehen sich direkt auf unser Leben mit seinen verschiedenen Aspekten.

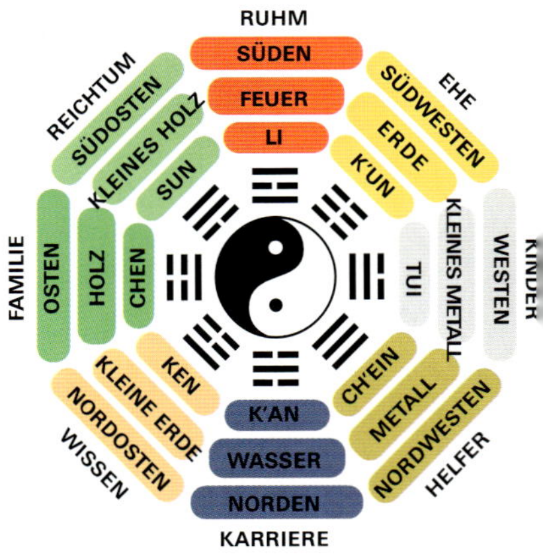

Beziehungen zwischen den Elementen.

1.
Destruktiver Kreis: Feuer schmilzt Metall, Metall spaltet Holz, Holz dringt in Erde ein, Erde dämmt Wasser ein. Wasser löscht Feuer.

2.
Kreativer Kreis: Feuer bringt Erde (Asche) hervor, Erde bringt Metall (Mineralien) hervor, Metall bringt Wasser hervor, Wasse bringt Holz hervor, Holz bringt Feuer hervor.

Auf der Zeichnung ist zu erkennen, wie jedes Trigramm eine Himmelsrichtung, ein Element, eine Farbe und einen besonderen Aspekt des Lebens anzeigt.

Um das lo-Shu-Quadrat auf den Grundriss einer Wohnung anwenden zu können, stellt man sich einfach in die Mitte und liest den Kompass ab. Vorsicht: Metallene Gegenstände können die Kompassnadel ablenken. Wenn man das magische Quadrat nach dem Grundriss ausgerichtet hat, kann man erkennen, welches Element jeden Raum beherrscht. Wenn sich beispielsweise das Wohnzimmer im Südwesten der Wohnung befindet, basieren die besten Farben für diesen Bereich auf Erdpigmenten wie Dunkelrot, Orange und Terrakotta.

Gebrannte Umbra, gebrannte Siena und Ockergelb sind natürlich gewonnene Erdpigmente, die wohlige Wärme hervorrufen und mehrlagig aufgetragen sehr wirkungsvolle Wandanstriche ergeben. Rot ist ebenfalls geeignet, weil es die Farbe des Feuers ist, das die Erde unterstützt (siehe Diagramm). Der Südwesten repräsentiert Ehe, Liebesglück und Beziehung, ist also eine gute Lage für das Schlafzimmer. Hier muss man besonders Grün vermeiden, weil Holz die Erde zerstört (siehe Diagramm). Welche Farbe wählt man nun, wenn ein bestimmter Raum zwei Bereichen angehört, z.B. Süd/Südost, Feuer/ Holz, Rot/ Grün? Wie schafft man das richtige Gleichgewicht? Man kann in diesem Fall beide Farben benutzen, aber die vorherrschende Farbe sollte Grün sein, weil Holz (Grün) die Mutter des Feuers ist. Wenn man zu viel Rot verwendet, dann verzehrt das Feuer das Holz, was bedeutet, dass man mehr ausgibt als man verdient. Eine positive Beziehung zu materiellem Wohlstand beruht auf der Ausgewogenheit zwischen diesen beiden Elementen (siehe Diagramm).

Heilen durch Farbe ist nur ein kleiner Aspekt der Feng Shui Weisheitslehre. Mitunter ist es besser, neutrale Farben zu verwenden und den Raum in anderer Form mit Energie zu versorgen, sei es durch Pflanzen (Holz), Wasser, Kerzen (Feuer) oder Windklangspiele (Metall). Wenn zum Beispiel das Schlafzimmer sich im Osten befindet, mit wenig Licht, aber einem schönen Garten davor ausgestattet ist, dann ist es nicht sehr sinnvoll, die Wände grün zu streichen, da dies wahrscheinlich ziemlich kalt und unangenehm wirken wird. Das Holz ist schon im Grün des Gartens vorhanden, so dass es in diesem Fall besser ist, neutrale Farben oder ein sonniges Gelb zu wählen (Erde, die das Holz nährt), und nur einige grüne Akzente zu setzen. Andererseits kann ein schönes Grün in einem Arbeitszimmer, das nach Südosten ausgerichtet ist, unsere Gedanken beflügeln und neue Ideen heranwachsen lassen.

Feng Shui erscheint auf den ersten Blick starr und festgelegt, aber wenn man sich tiefer einlässt, eröffnet sich ein Gefühl von Freiheit und Raum. Man bemerkt, dass Dinge "zufällig" zusammenpassen. Es kommt wohl hauptsächlich darauf an, die Eigenschaften der fünf Elemente zu erkennen: Wie reagieren sie miteinander, wie gleichen sie sich aus? Zu viel oder zu wenig ist nie ratsam. Unglück kann sich in Glück kehren, Harmonie und Fülle können ins Leben kommen, wenn man die richtigen Prinzipien vernünftig anwendet.

Maciek Sikora,
Feng-Shui-Berater

Sanftrosa Wände und hauchdünne Sonnenschutzvorhänge erzeugen hier eine friedliche, beruhigende Atmosphäre.

Prinzipien der Raumgestaltung

Es gibt eine Reihe von Prinzipien, die es erleichtern, ein Hauses vorteilhaft zu gestalten. Wenn diese schon in die Planungsphase einfließen, kann man viel leichter ein harmonisches und zufriedenstellendes Ergebnis erzielen.

Die Raumaufteilung

Das erste Prinzip, das berücksichtigt werden sollte, ist der richtige Umgang mit Raum. Man sollte zunächst den Grundriss und die Aufteilung der Wohnfunktionen eingehend betrachten. Im neunzehnten Jahrhundert wurde großer Wert darauf gelegt, dass für jede Funktion ein gesonderter Raum zur Verfügung stand. Heute haben wir uns von dieser Vorstellung weit entfernt und bevorzugen Wohnbereiche, die multifunktional nutzbar sind: Manche Räume lassen sich mit anderen kombinieren, so dass eine größere Nutzfläche entsteht, z.B. indem man die Wand zwischen einem Wohnzimmer und einer Küche entfernt. Mehrzweckräume und eine offene Grundrissanordnung sind übrigens nichts Neues: sie haben ihre Wurzeln im Hallenhaus früherer Jahrhunderte. Durch eine solche Grundrissorganisation sind fliessendere und kommunikativere Übergänge zwischen Wohn- und Arbeitsbereich möglich.

Neben der Bestandsaufnahme ist es auch sehr wichtig, die künftige Nutzung der einzelnen Räume zu betrachten. Soll ein bestimmter Raum als ruhiger Rückzugsort dienen, oder ist er für den Aufenthalt aller Bewohner vorgesehen? Können bestimmte Räume mehrfach genutzt werden, z.B. während der Woche als Arbeitszimmer und am Wochenende als Gästezimmer? All diese Fragen gilt es zu beantworten, bevor Details wie Stil, Licht und Farbe geklärt werden.

Einrichtungsstil

Die nächste wichtige Festlegung betrifft den Einrichtungsstil. Soll das Haus die Leichtigkeit mediterraner Lebenskunst ausstrahlen oder eher im klassischen Stil gehalten sein, soll ein orientalischer Einfluss spürbar werden, eine Landhaus-Atmosphäre vorherrschen oder die schlanken, minimalistischen Formen eines modernen Designs? Wird der gesamte Wohnbereich im gleichen Stil eingerichtet, vereinfacht dies die Gestaltung und ein harmonisches Ganzes ergibt sich mehr oder weniger von selbst. Der Baustil des Gebäudes gibt oft eine Richtung für die Wahl des Einrichtungsstils vor. Mit Einfallsreichtum lassen sich aber auch leicht unterschiedliche Stile kombinieren. Wenn man ein zweigeschossiges Haus einrichtet, kann jedes Stockwerk recht problemlos in einem anderen Stil eingerichtet werden. Selbst wenn angrenzende Räume in unterschiedlichen Stilrichtungen gehalten sind, läßt sich dies durch eine überlegte Farbgestaltung wieder harmonisch zusammenführen, indem ähnliche Farbtöne oder aber Komplementärfarben gewählt werden (siehe den Farbkreis Seite 164). Sobald man sich für einen Einrichtungsstil entschieden hat, sollte das Augenmerk auf auffällige Besonderheiten im Raum gerichtet werden. Ist zum Beispiel ein schöner, offener Kamin vorhanden, kann er die weitere Raumgestaltung bestimmen. Gibt es – wie manchmal in Altbauwohnungen - ein großes Erkerfenster oder klassische Gesimse und Verzierungen? Zur Besonderheit eines Raumes zählt aber z.B. auch ein schöner Ausblick. Auf der anderen Seite gilt es, die Schwachpunkte eines Raumes zu berücksichtigen. Dunkle, schlecht mit Tageslicht versorgte Räume können beispielsweise durch eine wohlüberlegte Farbgestaltung gewinnen. Sind die Decken zu hoch, kann ein Sockel oder eine Bilderleiste den Raum gliedern. Ebenso läßt sich ein zu niedriger und enger Raum mit Hilfe der richtigen Beleuchtung und Farbe optisch erweitern und erhöhen.

Man kann die Gestaltung auch so angehen, dass verschiedene Teile eines Raumes als selbständige Einheiten betrachtet werden, so, als wäre jeder Teil des Raumes ein eigenes Bild oder Fotomotiv. Wie kann ein solches Motiv dann noch vorteilhafter in den Blickpunkt gerückt werden? Was fehlt noch? Oder umgekehrt: Was sollte entfernt werden, um den Eindruck der Einfachheit oder des Friedens zu erhalten? Nichts sollte überflüssig sein, weniger ist, auch ästhetisch gesehen, oft mehr. Alle Materialien und Farben, die in einem Bereich des Hauses/ der Wohnung verwendet werden, sollten möglichst in irgendeinem Zusammenhang mit den anderen Bereichen stehen.

Eine alte Nische in einer umgebauten Scheune wird durch flammenfarbene Kalkfarbe betont.

Links und oben: Mut zur Farbe! Abgestufte und kontrastierende Farben lassen sich wirkungsvoll mischen und gegenüberstellen.

Licht und Beleuchtung

Licht hat weitreichende Auswirkungen. Schon die frühen Griechen maßen dem natürlichen Licht so viel Bedeutung bei, dass sie den Zugang zum Sonnenlicht zu einem Grundrecht machten!

So wird z.B. ein westlich oder südlich gelegenes Zimmer viel mehr warmes Licht empfangen als ein Raum, der nach Norden oder Osten gerichtet ist. Es ist uns heute viel mehr bewusst, wie stark das Licht unsere Stimmung beeinflusst. So gibt es die Winterdepression, die manche Menschen besonders an lichtarmen Wintertagen auf der nördlichen Halbkugel befällt. Deshalb sollte in allen Räumen das Tageslicht, vor allem das Sonnenlicht, bestmöglichst genutzt werden. Dies lässt sich auf verschiedene Weise erreichen, z.B. durch den Einsatz von Spiegeln, aber auch durch den überlegten Gebrauch von Farbe.

Gelb hat von allen Farben die höchste Reflektionskraft. Kadmiumgelb, ursprünglich aus dem natürlich vorkommenden giftigen Metall Cadmium hergestellt, wurde wegen seiner deckenden Leuchtkraft und Farbreinheit von Landschaftsmalern wie Claude Monet ausgiebig eingesetzt. Später wurde Hansagelb zu Beginn des zwanzigsten Jahrhunderts in Deutschland aus organischen Pigmenten hergestellt. Es ist intensiver als Kadmiumgelb, gleichzeitig jedoch halbtransparent und sehr gut zum Lasieren geeignet.

Ein weiteres wichtiges Element ist die Wahl der künstlichen Beleuchtung. Deckenbeleuchtung ist auf jeden Fall die unattraktivste, wenn auch die verbreitetste Art, einen Raum zu erhellen.

Ansprechender sind Tischlampen, die Lichtkegel werfen, oder Punktstrahler, die als Leselampen dienen bzw. die bestimmte Objekte im Raum anleuchten. Wandstrahler, die einen Teil des Raumes sanft nach oben oder nach unten gerichtet beleuchten, sind ebenfalls sehr wirkungsvoll. Die Auswahl an Lampen ist riesig, und es ist nicht nur spannend, sondern auch wichtig, sich umzutun, denn die Wahl der Beleuchtung ist mit entscheidend für die Raumatmosphäre. Die Wahl des Leuchtkörpers bestimmt die Qualität des Lichts. Glühbirnen verbreiten zum Beispiel ein warmes Licht, während sogenannte Tageslichtlampen (Leuchtstoffröhren) eher kalt und hell wirken. Dimmer sind unverzichtbar, um eine besondere Stimmung zu erzeugen, man kann sie jedoch nicht für Tageslichtlampen verwenden. Abends ist natürlich die stimmungsvollste Beleuchtung das Kerzenlicht, das jeden Raum in einen romantischen Ort verwandelt.

**Oben und unten: Die Farbgebung beschränkt sich nicht auf Wände und Möbel.
Auch die Fußböden und Türen kann man einbeziehen.**

Farbe

Wenn man all dies berücksichtigt hat, beginnt das Auswählen der Farben. Die Farbe ist das Gestaltungselement, das am unmittelbarsten die Atmosphäre verwandelt und trotzdem bei Bedarf leicht wieder zu ändern ist.

Mit einem klugen Farbkonzept kann ein kleiner, dunkler Raum größer und heller werden und ein großer Raum gemütlich und warm. Durch Farbe läßt sich die Raumgeometrie optisch verändern oder Lebendigkeit erzeugen. Farbe lässt die Decke höher wirken, wenn man dort z.B. reflektierendes Gelb einsetzt. Andererseits senkt eine tiefrote, blaue oder violette Farbe optisch die Deckenhöhe ab. Die Leuchtkraft von Naturfarben ist im Vergleich zu synthetisch erzeugten Farben dezenter und tiefgründiger, und die Struktur und Wirkung ihrer Oberfläche sind abwechslungsreicher.

Mit einem durchgängigen Farbkonzept kann die Gestaltung des gesamten Wohnbereiches aufeinander abgestimmt werden, indem man von einem Raum zum nächsten zusammenpassende Farben vorsieht. Unter "Farbe" ist hier übrigens auch Weiß in all seinen sanften Abstufungen zu verstehen, das auf verblüffende Art den Inbegriff gelassener Eleganz verkörpert, wenn es in einem Raum an Wänden und Möbeln in verschiedenen Nuancen miteinander kombiniert wird.

Farbe kann auch eine Stilepoche andeuten: Im Klassizismus des achtzehnten Jahrhunderts wurden Pastellfarben - gedämpftes Rosa oder trübes Grün - bevorzugt; das neunzehnte Jahrhundert war die Zeit der dunklen, satten Farben, während weiß getünchter Putz und Terrakotta eine zeitlose mediterrane Atmosphäre vermitteln.
Leuchtende Farben wie Lapislazuli oder Smaragdgrün deuten auf einen islamischen bzw. nordafrikanischen Einfluß, während der englische Landhausstil durch verblasste Farben wie Altrosa perfekt inszeniert wird.

Historische Trends in der Farbauswahl beruhten hauptsächlich auf der Verfügbarkeit des Materials, da ja ursprünglich alle Farben aus regional vorhandenen Substanzen hergestellt wurden. Die im Mittelmeerraum benutzten satten, weichen Farben wie z.B. Terra di Siena aus der Toskana und Gebrannte Umbra aus Umbrien stammen beide aus Italien. Mit Siena und Umbra lassen sich Tiefenwirkungen erzielen, wie sie

Links: Wände in gedecktem Rosa ergänzen perfekt diese verspielte Ausstattung.

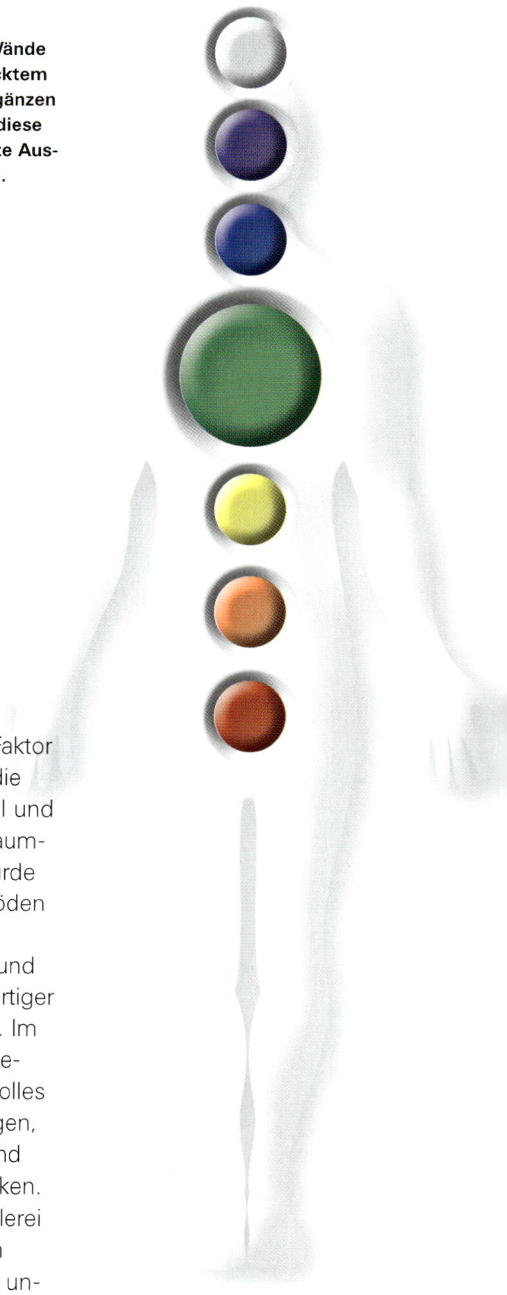

mit modernen Chemiefarben nicht zu erreichen sind. Mit einigem Nachforschen und etwas Einfallsreichtum kann man relativ leicht diejenigen Farben herausfinden, die für eine bestimmte Stilepoche charakteristisch sind. Außer mit Farbe lässt sich eine Raumatmosphäre auch ändern, indem man textile Bezüge und Einrichtungsgegenstände gemäß den Jahreszeiten wechselt, um die Leichtigkeit des Sommers oder das Wärmebedürfnis im Winter zu betonen. Auch dabei spielen die Farben und die Textur eine Rolle: Purpurrote Überwürfe z.B. verbreiten in Verbindung mit schokoladebraunen oder bernsteinfarbenen Kissen in den kalten Monaten sofort Wärme, während im Sommer Leinenstoffe und ungebleichte Kattunvorhänge in Verbindung mit luftigen himmelblauen und hellgrünen Einrichtungsgegenständen auf lange, sonnendurchflutete Tage einstimmen.

Materialien

Ein weiterer bestimmender Faktor bei der Raumgestaltung ist die Materialwahl, wenn Licht, Stil und Farbe festgelegt sind. Eine Raumgestaltung im Shaker-Stil würde beispielsweise nackte Holzböden bedingen, gepaart mit zarten oder neutralen Wandfarben und einfachen Möbeln in hochwertiger handwerklicher Verarbeitung. Im Gegensatz dazu gehört zur Gestaltung im Rokokostil kunstvolles goldenes Gitterwerk und Bögen, die ein Gefühl von leichter und spielerischer Freude ausdrücken.

Trompe l'oeil – Illusionsmalerei - kann Wänden in gedeckten Rosa- oder Pastelltönen eine unwirkliche Dimension verleihen. In einem solchen Raum müssten die Möbel und die Einrichtungsstücke dann verziert und kokett sein... Um einen originellen und wohnlichen Effekt hervorzurufen, lassen sich aber auch gegensätzliche Stilelemente in einem Raum phantasievoll kombinieren.

Vor allem macht es Spaß zu experimentieren, und alles lässt sich wieder ändern - besonders ein Anstrich.

Sahasrara: Kronenchakra

Ajna: Chakra des Dritten Auges

Vishuddha: Halschakra

Anahata: Herzchakra

Manipura: Solarplexuschakra

Swadhishthana: Sakralchak

Muladhara: Wurzel-/Basischakra

Farbtherapie für Räume

In den letzten dreißig Jahren ist das Interesse an Farben neu erwacht. Die Ansicht, dass Farbe einen tiefgreifenden Einfluss auf unsere Gesundheit und auf unser Wohlbefinden hat, wird inzwischen allgemein akzeptiert. Wir alle haben Lieblingsfarben, und wir wissen, welche Farben wir nicht mögen. Aber was ist uns wirklich über die Wirkungen von Farbe bekannt?

In alten Kulturen hatte Farbe eine große Bedeutung und wurde symbolisch für religiöse, künstlerische und heilende Zwecke eingesetzt. So fand im Mittelalter z.B. orangerote Mennige häufig Verwendung in den prachtvoll gestalteten Handschriften. Orange wurde wie Gold mit der Sonne, mit Überfluss und Reichtum, sowie mit Weisheit in Verbindung gebracht. Heute diktiert eine ständig wechselnde Mode, welche Farben wir tragen oder in welchen Farben wir unsere Wohnungen streichen sollen. Die Werbebranche hat schon lange entdeckt, wie mit Hilfe von Farben Produkte verkauft werden können. Auf der anderen Seite hat das wachsende Bewusstsein von der Wirkung der Farbe auf den Seelenzustand eines Menschen oder auf die Atmosphäre eines Ortes zu neuen Ansätzen in der Raumgestaltung geführt. Neben einer subjektiven Reaktion auf bestimmte Farbreize hat jede Farbe objektive Wirkungen. Wir kennen alle die beruhigende Wirkung von Blau, die Helligkeit von Gelb und die intensive Wärme von Rot. Im Englischen bedeutet "blue" aber auch niedergeschlagen, wir werden "grün vor Neid" und sehen "rot vor Wut". Auf diese Weise erkennen wir die Dualität in jeder Farbe und ihre Fähigkeit, auf uns positiv oder negativ zu wirken. Von diesem Prinzip geht die Farbtherapie für Innenräume aus.

Physikalisch gesehen ist Farbe eine Erscheinungsform von Licht. Das Sonnenlicht besteht aus einem Spektrum von Farben, jede mit ihrer eigenen Frequenz und Wellenlänge. Jede Farbe ist Energie auf einer bestimmten Wellenlänge. Wo das Licht auf Dunkelheit oder Materie auftrifft, entsteht Farbe. Dies wird deutlich sichtbar, wenn die Sonne durch den Regen scheint und ein Regenbogen entsteht, oder wenn abends beim Übergang vom Hellen ins Dunkle der Nacht die Farben besonders intensiv erscheinen.

Beim Regenbogen liegt Rot am oberen Rand und Violett am unteren. Dazwischen befinden sich die übrigen Farben. Rot ist die Farbe mit der längsten Wellenlänge (niedrige Frequenz) und Violett die mit der schnellsten Schwingung und der kürzesten Wellenlänge. Wir nehmen diese Schwingungen durch die Augen, die Haut und die Aura in unser System auf. Die Aura fungiert dabei wie ein Lichtprisma und bricht das Licht in sieben Farben, die wiederum unsere sieben Chakren oder Energiezentren entlang unserer Wirbelsäule nähren (siehe die Zeichnung links).

Jedes Chakra, das wir uns wie eine Art Radioempfänger vorstellen können, steht in Beziehung zu bestimmten Körperorganen, Funktionen und Emotionen. Vom Basis- oder Wurzelchakra aus kommt aufsteigend zunächst Rot, Orange und Gelb, die warmen Farben des Spektrums, die den Tagesbereich anzeigen. Sie stimulieren uns und verbinden uns mit der Außenwelt. Vom Kopf aus abwärts folgen Violett, Indigo und Blau aufeinander, die kühleren Farben, die den Nachtbereich anzeigen und mehr auf das Innenleben und die Ruhe ausgerichtet sind. Der Ausgleich zwischen den kühlen Blautönen und den warmen Gelbtönen ist das Grün, das im Herzchakra liegt. Dieses System kann uns helfen, Farben auszusuchen, welche die Aktivität oder Funktion eines Raumes unterstützen. Bei mehrgeschossigen Wohnungen werden im allgemeinen die wärmeren, aktiveren, stimulierenden Farben im unteren, und die kühleren, ruhigeren im oberen Geschoss zu verwendet.

Experimente mit blinden Menschen in den USA haben gezeigt, dass sich beim Aufenthalt in einem völlig roten bzw. in einem ganz grünen Raum Körpertemperatur, Blutdruck, Puls und Stimmung auch nicht Sehender ändern. Bei einem anderen Experiment in Kanada betraten Personen gleichgeschnittene Räume mit gleicher Ausstattung aber unterschiedlicher Farbe. Ihre Gefühlsreaktionen wurden aufgezeichnet, und es ergaben sich deutliche Unterschiede, allein aufgrund der unterschiedlichen Farbe.

Ebenso wie wir ein ausgewogenes Verhältnis von verschiedenen Lebensmitteln brauchen, um gesund zu bleiben, brauchen wir auch eine Balance bei den Farbenergien, um verschiedene

Aspekte unseres Seins zu nähren. Unabhängig davon, ob uns eine Farbe gefällt oder nicht, leistet jede Wellenlänge einen wichtigen und besonderen Beitrag zu unserer körperlichen, emotionalen, geistigen und seelischen Gesundheit. Allerdings gilt auch hier: Die falsche Anwendung oder Kombination von Farben kann uns tatsächlich schaden, wenn sie im Übermaß eingesetzt wird.

Rot ist zum Beispiel die anregendste Farbe. Das Rot in Beeren, roten Wangen und einer roten Rose verheißen Gesundheit, Wärme, Liebe und Nahrung. In größerem Ausmaß wirkt Rot jedoch sehr dramatisch, wie ein Feld mit Klatschmohn oder ein Sonnenuntergang. Rot kann in uns auch ein Gefühl von Verbot, Rebellion oder Gefahr auslösen. Die Künstler der Wandgemälde von Pompeji benutzten das seltene und teure Zinnober, das bei Almadén in Spanien abgebaut wurde, und schufen damit leuchtende, satte, ausdrucksstarke Rottöne. Da Zinnober Quecksilber enthält, war es aber auch gesundheitsschädlich.

Grün verbinden wir direkt mit Leben, und es wirkt auf uns beruhigend und ausgleichend.

Oben: Grün beruhigt und kann, im Essbereich verwendet, die Verdauung fördern.
Gegenüber: Ein schlichter, schöner, blassblauer Treppenaufgang.

Doch obwohl Grün die Farbe ist, die am engsten mit natürlichem Leben verbunden wird, ist sie im Haus schwierig einzusetzen. Viele Künstler werden bestätigen, dass es äußerst schwierig ist, das Grün der Natur mit Farben wiederzugeben. Das hängt teilweise damit zusammen, dass in der Natur Tausende von Grüntönen miteinander verschmelzen, sich überlagern und andere Farben ausgleichen. Man findet in der Natur nur wenige grüne Pigmente, zum Beispiel grüne Tonerde, Grünspan und Smaragdgrün, eine Kupfer-Arsen-Verbindung, die so giftig ist, dass sie in den Abwasserkanälen von Paris zur Rattenbekämpfung eingesetzt wurde.

Grün ist eine Farbe, die dazu neigt, dicht und schwer zu werden, und die träge macht, wenn sie nicht "in Bewegung" kommt. Eine Wand in einem flachen Grün gestrichen, kann starr und dumpf wirken. Wenn das Grün jedoch in mehreren Lagen transparenter Lasur aufgetragen wird, beginnt es zu leben und zu leuchten und sieht gesund aus.

Dieses Prinzip gilt auch für andere Farben. Bewegung in der Farbe, die durch mehrlagiges Auftragen, durch Texturen und manche alten Farbtechniken erzielt wird, gibt dem Licht Gelegenheit, mit der Farbe zu spielen und zarte, schöne Effekte zu erzeugen. Manchmal kommt aber auch ein stärkeres, flaches Grün gut zur Geltung, z.B. wenn der Farbanstrich nicht höher als bis zur Gürtellinie reicht, oder wenn er durch Bilder, Verzierungen oder anderen Wandschmuck unterbrochen wird. Prinzipiell ist ein grüner Wandanstrich für Räume geeignet, die nicht zu Aktivität einladen sollen.

Ein flaches Grün kann sein Gegengewicht in einem leuchtenden Rot finden, eine Kombination, mit deren Hilfe die Impressionisten die Natur auf ihren Gemälden zum Leben brachten. Die Maler in früheren Epochen hatten für grüne Bäume und Gras gedämpftes Grün oder Braun gewählt und dadurch das Wesentliche der Natur – Lebendigkeit – nicht wirklich zum Ausdruck bringen können. Die Impressionisten nun führten winzige rote Tupfer ein, die Komplementärfarbe von Grün, und brachten so Bewegung in das Bild. Mit Rot, der Farbe von Leben, wirkt Grün nicht mehr dumpf, sondern lebendig. Das gilt es zu beachten, wenn man Grün im Haus benutzt.

Sobald Grün gegen Blau tendiert, entfernt es sich von dem frischen Gefühl, das lebendige, wachsende Dinge hervorruft. Blau ist im Chakrensystem mit dem "Dritten Auge" verbunden, das sich zwischen den Augen befindet. Es ist das Chakra des Intellekts und der Intuition.

Wenn das Blau nicht allzu kräftig oder dunkel ist, dann ist es eine ruhige Farbe, die uns anregt, loszulassen und das Bewusstsein zu erweitern. Durch seine ruhige Natur lässt es uns leicht in die Entspannung gleiten. Blau fördert eher tiefere und ernstere Gespräche als leichte und fröhliche. Denken wir an das tiefe Blau eines klaren Himmels oder die riesige Fläche des blauen Ozeans, die bis zum Horizont reicht. Auf der anderen Seite wirkt das Blau eines Pfaues exotisch und verlangt Aufmerksamkeit und Bewunderung, was uns wiederum von uns selbst entfernt. Blau fördert ein wenig die Distanz zum Körperlichen. Bis Anfang des achtzehnten Jahrhunderts wurden die einzigen blauen Pigmente aus Halbedelsteinen wie Lapislazuli und Azurit oder aus zermahlenen blauen Smalten (Kobaltmineral) hergestellt. Blau galt einmal als Statussymbol, und es wird immer noch eine gewisse gehobene Gesinnung damit assoziiert.

Farben lassen sich in drei Gruppen einteilen: die stimulierenden und kräftigenden, die entspannenden und beruhigenden, und die harmonisierenden und ausgleichenden. Dabei hat jede Farbe sowohl eine warme wie auch eine kühle Nuance, Taubengrau wirkt zum Beispiel warm und Stahlgrau kühl (siehe Seite 164).

Hier wurden mehrere Farben benutzt, die dennoch im Gesamten ruhig wirken, weil sie nicht in Konkurrenz zueinander stehen.

Wenn wir all dies in Betracht gezogen haben, die Raumgeometrie, die Helligkeit, die Funktion des Raumes, sowie den Einrichtungsstil und die Atmosphäre, die entstehen soll, dann kommen wir zum wichtigsten Punkt für die Gestaltung: Die Bedürfnisse der Bewohner. Jeder Mensch ist anders, deshalb ist es schwierig, die physischen und emotionalen Bedürfnisse aller Bewohner zu berücksichtigen. Wir können aber immer Farben wählen, die die Aktivitäten unterstützen, die im Raum stattfinden sollen. Für ein Konferenzzimmer sind zum Beispiel Farben sinnvoll, die Kommunikation, klare Gedanken, Objektivität und Zusammenarbeit unterstützen, während die Farben in einer Küche das soziale Miteinander anregen, die Verdauung und die Kreativität fördern, und jedem neuen Tag ein warmes und freundliches Willkommen bieten sollten.

Mit Farbe gestalten

Neben den objektiven Auswirkungen ist der Gebrauch von Farbe auch etwas sehr Persönliches. Es hängt von unserem Temperament ab, wie wir auf eine Farbe reagieren – Extrovertierte freuen sich eher über kräftige Farben, während Introvertierte gedämpftere Farben vorziehen.

Oben und links: Zwei herrliche Beispiele kreativer Farbgestaltung: eines auf Putz und das andere auf Holz.

"Die Farben, mit denen wir uns umgeben, haben zweifellos eine Wirkung auf uns, deshalb ist es wichtig, dass wir die richtige Wahl treffen. Ich kann jedoch auch vorbehaltlos empfehlen, neue Farben auszuprobieren und allmählich Gefallen daran zu finden. Es ist manchmal erstaunlich, wie sich ein neuer Lebensabschnitt durch die Begegnung mit neuen Farbenergien eröffnet. Ich hatte nie Rosa gemocht, bis ich einmal ein Haus hütete und ungewollt Zeit in einem Schlafzimmer mit lebhaften rosa Vorhängen verbrachte. Jeden Morgen wachte ich in Rosa gebadet auf. Ich fühlte mich so entspannt, erholt und erwärmt, dass ich daraufhin mein eigenes Schlafzimmer in Altrosa strich und seither die Atmosphäre des Zimmers liebe. Übrgens: Wenn Ihnen eine Farbe absolut nicht gefällt, dann können Sie sie ja überstreichen."

Angela Findlay
Farbtherapeutin

Oft sind die einfachen Farbanordnungen am wirkungsvollsten. Man sollte möglichst nicht mehr als eine oder zwei Hauptfarben in einem Raum verwenden, vielleicht noch einen kontrastierenden oder Komplementärfarbton dazu. Am besten findet man die richtige Hintergrundfarbe, indem man mit einer Palette verschiedener Schattierungen und Nuancen der Farben und Strukturen experimentiert, die in Form von Möbeln und Materialien im Raum bereits vorhanden sind. Das Gesamtarrangement der Farben im Haus bzw. in der Wohnung muss immer zusammenpassen. Wände definieren einen Raum, während Farben die Atmosphäre im Raum bestimmen. Farbige Wände sind mit Hintergrundmusik vergleichbar: Jeder Farbton ist wie ein musikalischer Ton, und ebenso wie bei der Musik können manche Töne einen wohlklingenden Akkord bilden, während andere sich reiben. Es kommt aber nicht nur darauf an, welche Farben kombiniert werden, sondern die Farbqualität ist ebenso wichtig. Wählt man einen zu kräftigen Ton, dann können die Wände den Raum beherrschen wie laute Musik, oder die Farben können versuchen, sich gegenseitig auszustechen. Wird dagegen ein zu weicher Ton gewählt, kann ein kränklicher Gesamteindruck entstehen. Farbe ist Energie, folglich bringt eine Farb-Disharmonie uns auf der energetischen Ebene quasi zum Zusammenzucken, und unser inneres Harmoniegefühl wird gestört.

Farben benötigen auch Licht und einen Eindruck von Bewegung, der oft von der Oberflächenbeschaffenheit vermittelt wird. Manche Farben lassen sich erst durch bestimmte Materialkombination oder unter bestimmten Lichtverhältnissen zum Leben erwecken. Man kann geradezu miterleben, wie das Licht mit der Oberfläche spielt. Eine glatte oder glänzende Oberfläche leuchtet zum Beispiel viel stärker als eine matte, und diese Effekte sind bei organischen Produkten besonders deutlich. Licht beeinflusst den Charakter von Raum und ist einer der wichtigsten Faktoren bei jeder Gestaltung, neben dem Gleichgewicht zwischen harten und weichen Strukturen.

Die verhältnismäßig moderne Technik, Farbe mit dem Farbroller aufzubringen, um eine völlig gleichförmig farbige Oberfläche zu erzielen, führt oft dazu, dass die Farben dicht und starr aussehen. Nirgends in der Natur findet man eine große Fläche in derselben Farbe. Wenn wir die Farben naturgemäßer auftragen, werden die Wände buchstäblich belebt, und wir als Lebewesen empfinden dies als wohltuend.

Anstrichfarben werden gewöhnlich mit Hilfe des Farbkreises oder von Farbkarten im Geschäft ausgewählt. Die Farbe sieht zu Hause im Ergebnis allerdings oft anders aus und hat nicht den gewünschten Effekt. Zum Teil hängt das damit zusammen, dass die Farben je nach Beleuchtung (Tageslicht oder künstlichem Licht) anders wirken, und dass die Farben der Einrichtungsgegenstände im Raum sie beeinflussen. Den gekauften Farben können natürliche Pigmente zugesetzt werden, wenn diese nicht den Erwartungen entsprechen. Oder man kauft weiße Emulsion auf ökologischer Basis und tönt diese selbst mit natürlichen Pigmenten ab.

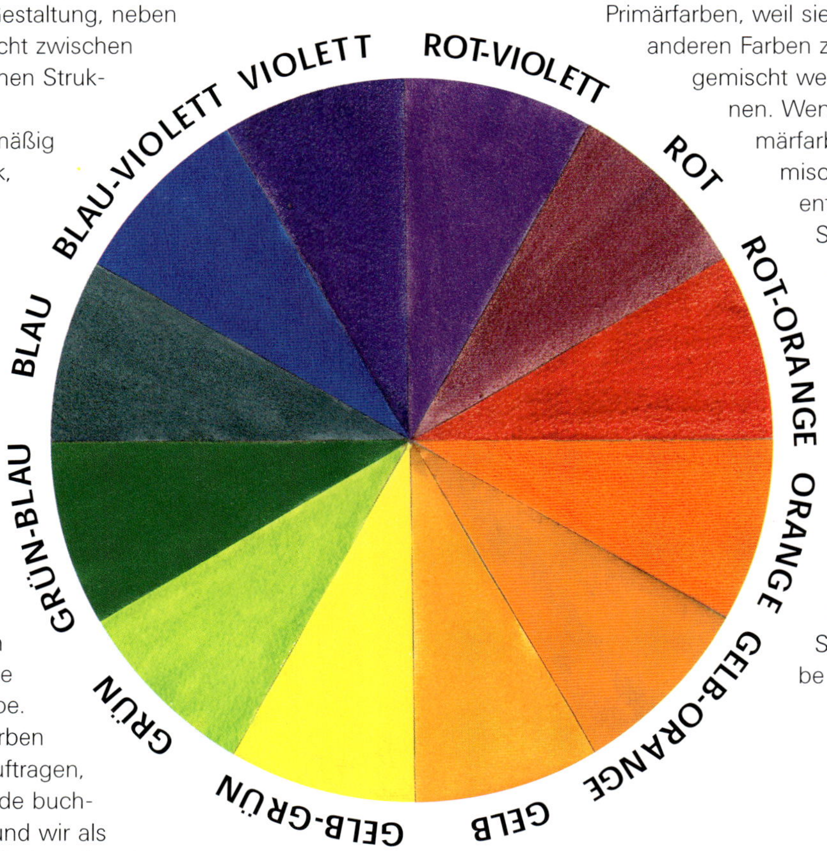

Wer unerfahren ist oder sich nicht zutraut, seine eigenen Farben zu mischen, für den gibt es ein nützliches Hilfsmittel. Der Farbkreis zeigt nicht nur, wie Farben durch Kombinationen entstehen, sondern auch, in welcher Beziehung die Farben zueinander stehen und wie sie sich beeinflussen.

Alle Farben bestehen aus verschiedenen Anteilen von Rot, Gelb und Blau. Diese heißen Primärfarben, weil sie nicht aus anderen Farben zusammengemischt werden können. Wenn zwei Primärfarben gemischt werden, entstehen die Sekundärfarben Orange, Grün und Violett. In gleicher Weise entsteht eine Tertiärfarbe, indem man eine Primärfarbe mit einer Sekundärfarbe mischt.

Primärfarben

Sekundärfarben

Tertiärfarben

Rot +Orange=Rot-Orange | **Gelb +Orange=Gelb-Orange**
Gelb+Grün=Gelb-Grün | **Blau+Grün=Blau-Grün**
Blau+Violett=Blau-Violett | **Rot +Violett=Rot-Violett**

Warme und kühle Farben

Rot, Orange und Gelb sind warme oder entgegenkommende Farben. Grün, Blau und Violett sind die kühlen bzw. sich zurückziehenden Farben.

Aufhellungen, Abtönungen und Schattierungen

Wenn man einer Farbe Weiß zufügt, z.B. eine weiße Emulsion, hellt das die Farbe auf. Mit Grau, z.B. Weiß und Gebrannter Umbra, tönt man eine Farbe ab. Mit Schwarz, z.B. Gebrannter Umbra, wird eine Farbe schattiert.

Komplementärfarben

Die Farben, die sich auf dem Farbkreis direkt gegenüber liegen, heißen Komplementärfarben.

Blau – Orange | **Rot – Grün**
Gelb – Violett | **Blau-Violett – Gelb-Orange**
Rot-Violett – Gelb-Grün | **Rot-Orange – Blau-Grün**

Neutrale Farbe

Wie bei Schwarz und Weiß ergibt die Mischung zweier Komplementärfarben Grau, also eine neutrale Farbe.

Harmonie und Kontrast

Benachbarte Farben auf dem Farbkreis harmonieren, also Blau harmoniert mit Blau-Violett oder Blau-Grün. Je entfernter sie auf dem Farbkreis sind, umso mehr stehen sie im Kontrast zueinander, z.B. ist Orange, die Komplementärfarbe von Blau, auch ihre stärkste Kontrastfarbe. Es ist gut, die Komplementärfarben zu kennen, weil sie sich gegenseitig steigern – ein blaues, schabloniertes Detail bringt beispielsweise den orangefarbenen Anstrich einer Wand erst richtig zur Geltung.

Aufhellungen, Abtönungen und Schattierungen von neutralen Farben harmonieren mit den beiden Komplementärfarben, aus denen sie entstanden sind. Dies kann nützlich sein, wenn man Farben sucht, die mit Einrichtungsgegenständen harmonieren sollen. Die Farblehre ist ein gutes Werkzeug, um eigene Farben und Mischungen zu planen und anzuwenden. Allerdings ist der Farbkreis eine Idealvorlage, die auf reinen Farben beruht. Natürliche Pigmente sind nie so rein, sondern immer aus einer Anzahl verschiedener Farben zusammengesetzt, Ultramarinblau hat zum Beispiel einen Rotanteil.

Es ist ratsam, anfangs mit kleinen Pigment- und Farbmengen zu experimentieren, um ein Gefühl für die Materialien zu bekommen. Auch ist zu empfehlen, mit einfachen Kombinationen zu beginnen, sonst könnten die Farben einen schmutzigen Ton erhalten. Man wird schnell entdecken, dass die Färbekraft der einzelnen Pigmente sehr unterschiedlich ist. Zum Beispiel färbt Oxidrot sehr stark, d.h. es ist davon nur eine kleine Menge nötig. Die jeweiligen Mischungsverhältnisse und die Ergebnisse sollten aufgeschrieben werden, um den gleichen Farbton wieder herstellen zu können.

Ein reifes Gerstenfeld, das sich leicht im Wind bewegte, war die Vorlage für die blassgoldene Farbe meines Flurs, und die sanft pfirsichfarbenen Cremetöne in meinem Badezimmer sind den Farben einer Lieblingsmuschel nachempfunden. Die Assoziationen, die diese Farben in mir auslösen, versetzen mich in eine bestimmte Stimmung und so mache ich mich mit Schwämmen und Pinseln an die Malerarbeit. Wenn die Wände dann gestrichen sind, schaue ich, wo sich Details noch verstärken lassen, die ich dann freihändig zufüge. Eine einzige Farbe hat gewöhnlich nur eine beschränkte Wirkung und ruft nach ihrer Komplementärfarbe, um sie erst richtig zur Geltung zu bringen. Kissen, Bilder, Vorhänge können mit ihren zusätzlichen Farben das Ganze in der Wirkung noch steigern.

Angela Findlay, Farbtherapeutin

Die moderne Küche ist ein Vielzweckrau
der auf die Bedürfnisse seiner Nutz
zugeschnitten sein mus

GESTALTUNGS-VORSCHLÄGE FÜR JEDEN RAUM

Die Küche

Wie im letzten Kapitel beschrieben, hängt die Wahl der Farbe, des Stils und der Ausstattung eines Raumes zum großen Teil vom Licht ab, das zur Verfügung steht, aber auch von der Größe und Funktion des Raumes, der gewünschten Atmosphäre und von den Bedürfnissen und Wünschen der Nutzer.
Was die Küche betrifft, so gilt es mehrere Aspekte zu beachten, weil die Küche heutzutage als multifunktionaler Raum unterschiedliche Aktivitäten ermöglichen soll. Schauen wir uns die wichtigsten Erfordernisse oder Funktionen an, aus denen sich dann die geeigneten Farben und Gestaltungsvarianten ergeben.

Oben und rechts: Satte, erdige Farbtöne, von Gelb über Rosa bis Terrakotta, sind kreative Farben, die Wärme in der Küche verbreiten.

Früher befand sich das Herz des Hauses am Herd. Er war das warme Zentrum, um den sich die Bewohner zum Kochen, zu Begegnungen und zum Essen scharten. Auch heute ist die Küche insgesamt, nicht nur der Kochbereich, das Herz des Zuhauses, nämlich der Raum, in dem unsere Grundbedürfnisse befriedigt werden und in dem die Familie zu ganz unterschiedlichen Aktivitäten zusammenkommt. In neuerer Zeit beteiligen sich auch die Männer zunehmend an der Essenszubereitung, so dass die Küche nicht mehr ausschließlich das Reich der Frau ist.

Auch bei den Einladungen für Gäste gibt es neue Trends – weniger formelle, sondern eher zwanglose, gemütliche Abendessen in kleinem Kreis sind heute gewünscht. Statt Küche und Esszimmer bevorzugen heute viele Menschen die Wohnküche, also eine Küche, in der gekocht und gegessen wird, oder sie entscheiden sich gar für einen offenen Grundriss, so dass der Koch oder die Köchin auch während der Zubereitung der Mahlzeiten in das soziale Geschehen einbezogen sind.

Wer eine Küche plant, sollte immer in erster Linie an einen Arbeitsraum denken. Es muss genügend Arbeitsfläche zur Verfügung stehen, denn die meisten Küchen werden zwei- bis dreimal am Tag für die Essenszubereitung benutzt. Die Utensilien, die Zutaten, alles was häufig gebraucht wird, muss leicht zugänglich sein.

Gute Beleuchtung ist ebenfalls sehr wichtig. Fluoreszierende Lampen (Leuchtstoffröhren) sind nicht zu empfehlen - eigentlich nirgends im Haus - denn sie verbreiten ultraviolettes, bläuliches Licht, das die Farben im Raum kühl erscheinen läßt. Solch ein Effekt verträgt sich nicht mit der wärmenden, nährenden Rolle der Küche als Herz des Hauses. Außerdem ist dieses Licht möglicherweise gesundheitsschädlich, denn fluoreszierende Lampen senden feine, pulsierende Schwingungen aus, die das Nervensystem stören und zu Überaktivität und Nervosität führen können. In der Küche ist Licht mit vollem tageslichtähnlichen Spektrum am besten.

Phantasie, Begeisterung und Kreativität sind notwendig, um ein leckeres und nahrhaftes Essen zuzubereiten, und die Farben, die diesen kreativen Prozess gut unterstützen, sind die satten, erdigen Töne von Orange bis Goldgelb, sowie all die schönen Terrakotta- und Pfirsichfarben. Die gelben und orangenen Töne bringen unmittelbar Wärme und Licht in den Raum und sind besonders dort wertvoll, wo es an natürlichem Tageslicht fehlt. Orange ist ebenfalls eine fröhliche Farbe, die uns ermutigt, Neues zu wagen und uns dabei wohlzufühlen. Man vermutet, dass diese warmen Farben auch der Verdauung zuträglich sind.

Weitere Farben, die sich gut für die Küche eignen, sind warme Cremefarben, Ocker, blasse Weizenfarben und bestimmte Rottöne. Cremefarben verbreiten eine weiche Wärme und sind deshalb jederzeit angenehme Begleiter. Sie und blasse Gelbtöne wirken gut bei Kerzenlicht und sind unaufdringlich. In einer Küche, wo es so viele Dinge gibt, die sofortige Aufmerksamkeit verlangen, von kochenden Töpfen bis zu hungrigen Kindern, ist es ratsam, zurückhaltende Farben zu verwenden, die Ruhe und Gelassenheit vermitteln. Die Farbe Rot ist hier mit Vorsicht zu verwenden, da sehr starke Rottöne den Tag über aufdringlich wirken können – ganz zu schweigen davon, wenn man ihnen morgens beim Aufwachen begegnet.

Für die Küche geeignet sind besonders strapazierfähige, abwaschbare, sogar abbürstbare Emulsionen aus umweltfreundlichen Rohstoffen. Bei der Verwendung von Kaseinfarben ist zu beachten, dass sie mit einem Lasuranstrich geschützt werden müssen, um wischfest zu sein. Und wenn Kasein an einer Stelle benutzt wird, die häufig Wasserdampf ausgesetzt ist, wie z.B. in der Umgebung des Herdes kann es wieder zu seinem Ursprung, nämlich Sauermilch, zurückkehren und entsprechend riechen. Kalkfarben scheinen auf den ersten Blick für die Küche nicht wirklich geeignet zu sein, weil sie nicht abwaschbar sind und sich Fettspritzer nicht mehr entfernen lassen. Sie haben jedoch eine leicht antiseptische Wirkung.

Bis spät ins 19. Jahrhundert war es in vielen Bauernhäusern und anderen Häusern auf dem Land üblich, die Küchenwände jedes Jahr zu scheuern und neu zu kalken.

Links: Warme Farben wie Orange unterstützen vermutlich den Verdauungsprozess und eignen sich folglich ideal für den Essbereich.

Der Essbereich

Ob Wohnküche oder offener Grundriss – es ist in jedem Fall empfehlenswert, den Essbereich etwas von dem unmittelbaren Kochbereich abzusetzen. Denn dann ist es möglich, Ruhe und Entspannung zu finden, während im Kochbereich das Essen zubereitet oder weggeräumt wird. Bei einem separaten Esszimmer ergibt sich das von selbst.

Essen ist nicht nur eine tägliche Notwendigkeit, es bietet auch Anlass für ein vergnügtes Miteinander. Bei der Mahlzeit wird ein beträchtlicher Teil unserer Energie für Körperfunktionen eingesetzt, und es ist wissenschaftlich bewiesen, dass Lachen und Freude am Essen die Verdauungsprozesse unterstützen. Wissenschaftliche Untersuchungen haben gezeigt, dass Rot die Pulsfrequenz signifikant erhöht und den Stoffwechsel anregt. Rot ist auch die Farbe, die uns mit unseren Wurzeln und unserer Blutsverwandtschaft verbindet, während Orange etwas mit unseren Beziehungen zu tun hat, und mit der Art, wie wir mit anderen kommunizieren. Rot- und Orangetöne stärken unser Körpergefühl und erzeugen Wärme in einem Raum: Sie harmonieren und reflektieren die Farben des Elements Feuer und des Herdes. Deswegen wirken beide Farben im Küchen- und Essbereich unterstützend, besonders Rot mit einem Anflug von Pflaume oder Koralle und mit goldenen Orangetönen.

Küche und Essbereich sind soziale Orte, deswegen sollte auch das Wohlbefinden von Freunden und Gästen in die Überlegungen einbezogen werden. Viele Menschen fühlen sich aus verschiedenen Gründen von Rot überwältigt, ja sogar bedroht.

Das Esszimmer verrät mitunter sehr persönlich
Vorlieben für Luxus und Komfort, wie dies
theatralische Gestaltung zeig

Wer sich also im Küchen- und Essbereich für Rot entscheidet, sollte es möglichst zu einem satten, weichen Ton hin abwandeln, wie schon oben empfohlen, beziehungsweise ein luxuriöses, samtiges Burgunderrot wählen, das seit Generationen in Essbereichen gebräuchlich ist und wundervoll aussieht.

Bei der Wahl der Farben spielen auch Temperament und Lebensstil eine Rolle. Das Frühstück mag manchmal eine hektische Angelegenheit sein, dann wieder kann es in Ruhe genossen werden. Eine frisch wirkende Farbe hilft, den Tag gut gelaunt zu beginnen – ideal für jemanden, der Mühe hat aufzuwachen, oder dessen Arbeitstag früh beginnt. Die helleren Töne von Orange, Pfirsich oder Aprikose verbessern sofort die Laune, ebenso warmes Gelb. Gelb erinnert auch an Jugendlichkeit, was für den jungen Teil des Tages seine Richtigkeit hat, es kann aber auch auf die Nerven gehen, wenn es zu zitronenhaft, grell oder säuerlich ausfällt. Gelb stimuliert geistige Tätigkeit, führt im Übermaß aber leicht zu Nervosität und Erregung.

Ein Essbereich, der hauptsächlich abends genutzt wird, macht eine andere Atmosphäre erforderlich. Satte, leuchtende Farben, die mit Kerzen oder gedämpftem Licht einhergehen, verleihen Räumen eine dramatische und gleichzeitig intime Atmosphäre. Bestimmte Grüntöne, die Komplementärfarbe von Rot, können ein frisches Gefühl schaffen, besonders in Form von Pflanzen oder dekorativen Details. Warme Töne sind auch für Familien mit Kindern ideal und für all diejenigen, deren Essbereich tagsüber für kreative Tätigkeiten genutzt wird. Blau (die Komplementärfarbe zu Orange), das mit Ruhe assoziiert wird, ist dann eine gute Wahl für die Vorhänge oder das abendliche Essgeschirr.

Die Art des Farbanstrichs für den Essbereich ist von einigen Faktoren abhängig, zum Beispiel ob die Kinder öfters mit Essen herumspritzen, was natürlich zu einem waschfesten Anstrich zwingt. Sehr matte, magere Anstrichmittel wie Kasein, Temperafarbe oder matte Emulsionen halten nicht so viel aus wie eine Wandfarbe, die mit einem seidigen Glanz trocknet. Zumindest die Decke könnte mit einer matt trocknenden Farbe gestrichen werden, denkbar ist aber auch, sie im ganzen Raum zu benutzen und anschließend die empfindlichen Flächen mit einer Lasur zu schützen. Kasein ist dafür gut geeignet, weil sich der nachdunkelnde Effekt von Lasur auf Kasein in die Gestaltung von vornherein einbeziehen läßt.

Das Wohnzimmer

Das Wohnzimmer dient hauptsächlich der Entspannung. Dort verbringt man – allein oder in Gesellschaft - das Ende des Tages oder das Wochenende, um den Arbeitsstress loszuwerden, sich zu regenerieren und sich seinen Hobbies oder der Unterhaltung zu widmen. Im Wohnzimmer sind gewöhnlich Fernseher, Stereoanlage, Sofas und Sessel zu finden, vielleicht auch Regale mit Büchern und manchmal ein offener Kamin oder ein Kaminofen. All diese Dinge sind der körperlichen Passivität und Ruhe gewidmet. Das Wohnzimmer ist der Bereich im Haus, dessen Gestaltung am deutlichsten unsere Persönlichkeit und unsere Interessen widerspiegelt. Dort möchten wir es uns gemütlich machen, möchten uns beschützt, warm und sicher fühlen.

Die Gestaltung unseres Wohnzimmers richtet sich aber nicht nur danach, was wir als gemütlich oder schön empfinden, sondern ist natürlich auch vom Alter und Stil des Hauses bzw. der Wohnung abhängig. Ob die Dekke hoch oder niedrig ist oder die Fußböden aus Teppichen oder Holzdielen bestehen, ist normalerweise vorgegeben.

Wer in einem alten Gebäude lebt, kann dennoch den Wunsch haben, es modern einzurichten. Oftmals wirkt der kluge und umsichtige Einsatz moderner Materialien wie Glas oder Metall hier sogar besonders originell. Umgekehrt kann es auch reizvoll sein, traditionelle Stilelemente und Details in ein modernes Gebäude einzubringen, wie altes Parkett oder alte Türen, Stuckornamente, ein Gesims oder ein Fries, so dass die Atmosphäre einer anderen Epoche entsteht, die mit entsprechenden Sitzmöbeln, Bildern, Lampenschirmen, Vorhängen etc. weiter akzentuiert werden kann.

Im Wohnzimmer sollten harte Linien und alles Scharfkantige vermieden werden. Weiche Kurven und abgerundete Gegenstände fördern die Entspannung und das Wohlbefinden. Das Weiche kann sich auch in der Beleuchtung wiederfinden. Niedrig hängende Lampen anstelle einer Deckenbeleuchtung tragen zu einer warmen und sanften Atmosphäre bei. Die Installation eines Stromkreises, bei dem alle Leuchten durch einen zentralen Dimmer gesteuert werden, leistet ebenfalls gute Dienste. Wenn der Raum einen Kamin hat, sollte die Gestaltung darauf statt auf das Fernsehgerät ausgerichtet werden.

Es gibt eine ungeheure Vielfalt an Farben, wenn es darum geht, ein Wohnzimmer zu gestalten, in dem sowohl Entspannung als auch die Gestaltung der Freizeit stattfinden soll. Zu welchen Dingen, Stilen, Kulturen oder Landschaften fühlt man sich hingezogen? Für manch einen sind es die neutralen Farben und Maserungen von unbehandeltem

Für mich ist es hilfreich, Anregungen aus der Natur zu bekommen. Ich ließ mich bei der Farbgestaltung meines Wohnzimmers von den Farben des Geißblatts inspirieren (siehe das Foto auf Seite 160). So habe ich die Wände in einem warmen Goldgelb gestrichen, das im Abendlicht richtig glüht und den Holzfußboden in einem Grün, das an das Grün der Blätter und Stängel erinnert. Für Akzente und Details wie Teppiche, Kissen und Kerzen habe ich die schönen Farbtöne Purpur und das tiefe Rosa der Blütenblätter hinzugefügt. Ich bin ständig auf der Suche nach feinen und ungewöhnlichen Farbkombinationen, und wenn man sich von der Natur führen lässt, kann man eigentlich nichts falsch machen, solange man auf die Proportionen der Farben zueinander achtet und das Ganze im Auge behält, statt sich in Details zu verlieren. Farben wirken deutlich anders, wenn sie auf der gesamten Wand verteilt sind.

Angela Findlay, Farbtherapeutin

Holz oder Natursteinen, die eine schlichte, an Zen erinnernde Atmosphäre der Ruhe und des Friedens schaffen. Andere wieder fühlen sich mit den blauen und grünen Farben des grenzenlosen Meeres am wohlsten, die mit Gold oder Korallentönen eine warme Wirkung erhalten. Wieder andere bevorzugen eine eher theatralische Wohnumgebung, einen Ort, an dem sinnliche Textilien und eine luxuriöse Atmosphäre vorherrschen. In diesem Fall können edelsteinfarbene Wände, üppige Samtvorhänge an den Fenstern, dicke Teppiche und exotische Kissen mit Stickereien in ferne Gegenden entführen.

Die Farbwahl hängt völlig von der gewünschten Atmosphäre ab. Doch da das Wohnzimmer gewöhnlich allen Familienmitgliedern zur Verfügung steht, kommt eine neutrale Hintergrundfarbe am ehesten allen Wünschen entgegen.

Die Farbpalette sollte sich auf höchstens zwei vorherrschende Farben beschränken, plus einen Farbton als Ausgleich oder Kontrast. Eine Mixtur aus Farben und Stilen wirkt leicht chaotisch und unvereinbar, weil die Farben um Aufmerksamkeit ringen, was nicht zur Entspannung beiträgt. Eine Farbvielfalt sollte hier am ehesten durch Gemälde, Sofaüberwürfe, Vorhänge, Kissen, Pflanzen und dekorative Details erreicht werden.
Auf keinen Fall sollte man im Wohnzimmer flache Grau- oder Schwarztöne, grelle Schattierungen von Violett oder Purpurrot und giftige Gelb- oder Grüntöne verwenden. Weiß kann sehr schön aussehen, besonders wenn es leicht abgetönt wird, damit es nicht zu kalt und distanziert wirkt.

Natürliche, matte Oberflächen sind für große Wandflächen gut, weil sie eine warme, ruhige Ausstrahlung haben und Licht und Farbe weicher reflektieren als leicht glänzende Oberflächen. Ebenso wie im Essbereich kann es aber besser sein, auf diese Vorzüge dort zu verzichten, wo die Flächen voraussichtlich strapaziert werden - doch zumindest die Decke könnte vielleicht eine matte Oberfläche erhalten.

Das Bad

Dieser Raum wird oft stiefmütterlich behandelt, was die Gestaltung und Größe betrifft, und doch kann ein schönes Badezimmer sehr viel zur Lebensqualität beitragen. In früheren Zeiten war das Baden in Gesellschaft üblich, und für das Reinigen, Kräftigen und Verwöhnen des Körpers wurde beträchtliche Zeit aufgewendet. Was heute davon übriggeblieben ist, sind Kurbäder, und die werden noch immer als Luxus erlebt. Mit ein bisschen Phantasie lässt sich jedoch auch zu Hause ein Wohlfühlbad verwirklichen.

Grundsätzlich dient das Bad der Hygiene. Hier waschen wir uns, hier sind wir, im Unterschied zu anderen Räumen im Haus, normalerweise allein. Dies ist auch der Raum, der uns nackt und damit auch verletzlich sieht.

Das Hauptelement im Bad ist das Wasser. Wir bestehen zu 80% aus Wasser, infolgedessen fühlen wir uns von Natur aus zu diesem Element hingezogen. Wasser ist ein Symbol des Lebens, und in den Religionen auf der ganzen Welt sieht man im Wasser eine Reinigungskraft, nicht nur für den Körper, sondern auch für die Seele. Viele wichtige Zeremonien finden im oder am Wasser statt, wie zum Beispiel die Taufe. So ist das Badezimmer zumindest auf symbolischer Ebene ein äußerst wichtiger Raum. Die Zeit, die wir dort verbringen, kann durch einfache und preiswerte Gestaltungsmaßnahmen an Qualität gewinnen.

Die Beleuchtung ist im Bad ein äußerst wichtiger Faktor. Lampen, deren Licht zu Gelb oder Rosa neigen, können dazu beitragen, das Bad in eine stärkende und heilende Umgebung zu verwan-

Ganz links: Der warme Apfelsinen-Farbton vermittelt in der Sonne ein Gefühl behaglicher Vertrautheit. Links: Kühle Blau- und Grüntöne schaffen eine Atmosphäre karger Einfachheit.

Geflochtene Raumteiler und Tierfe
imitationen vermitteln die Atmosphä
von Safaris und Wärm

Dieses Badezimmer passt mit seinen Stufen und Wandflächen, die den Blick aus dem Fenster verkleinert widerspiegeln, optimal in ein städtisches Umfeld.

deln, in einen Ort, an dem wir uns in unserem Körper wohlfühlen. Grelles Licht, das zu Blautönen neigt, ist wenig schmeichelhaft und sehr unbarmherzig zur Haut, was besonders in einem Raum mit Spiegeln überhaupt nicht erwünscht ist. Eine lichtdurchlässige Jalousie oder eine leichte Baumwollgardine streuen das Tageslicht und schaffen weiches Licht, ebenso wie Kerzenlicht am Abend eine sehr schöne und warme Wirkung hat.

Eine Auswahl an wohlriechenden ätherischen Ölen oder Seifen lassen ein gewöhnliches Bad zum Heilbad werden, das Seele, Körper und Geist regenerieren kann. Manche Duftöle können auch eine bestimmte Stimmung erzeugen oder bei leichten Beschwerden heilend wirken. Das Ylang-Ylang-Öl fördert beispielsweise eine sinnliche Atmosphäre, während Lavendelöl lindert und heilt. Pflanzen wie Farn können die Natürlichkeit eines Raumes verstärken, während vom Urlaub mitgebrachte Steine, Muscheln und Treibholz zur Entspannung beitragen und den Alltag vergessen lassen.

Motive, die an das Meer erinnern, sind bei Kindern immer beliebt. Neben vom Urlaub mitgebrachten Schätzen kann auch die Farbgebung das Thema Meer aufnehmen. Türkis eignet sich vorzüglich, um eine reine, saubere und helle Atmosphäre im Badezimmer zu zaubern. In Verbindung mit weißen Installationen kann es frisch wie Minze aussehen, besonders wenn es zu Grün tendiert. Türkis ist auch eine ausgezeichnete Farbe für Menschen, die Sport treiben und häufig duschen, weil es eine kühlende und entspannende Wirkung auf den Körper hat.
Um eine üppige Atmosphäre für Körper und Sinne zu schaffen, sind die satten mediterranen Blautöne wie Kobalt oder Aquamarin richtig. Prinzipiell sind Blautöne für kühle Klimabereiche nicht so

gut geeignet, weil sie im Winter zu kalt wirken - man kann dies aber mit Vorhängen, Kacheln, Handtüchern und Zubehör in warmen Farben ausgleichen. Weiche Mauve- oder Violettöne vermitteln eine sanfte Wärme und harmonieren gut mit cremefarbenen Installationen oder Zubehör. Ansonsten helfen auch warme Pfirsichtöne, ein attraktives Umfeld zu schaffen, in dem man sich gerne auszieht, weil die Haut gesund aussieht. Rosa, pfirsichfarbene und rosige Töne helfen bei der Entspannung der Muskeln und lösen ein Gefühl von Sicherheit und Erholung aus.
Es wird immer üblicher, das Bad in das Schlafzimmer einzubeziehen, abgetrennt durch einen Raumteiler oder einen Sichtschutz. In diesem Fall richten sich die Farben und der Stil des Bades naturgemäß nach denen des Schlafzimmers.

Ein Anstrich mit Kaseinfarbe kommt für ein feuchtes Badezimmer nicht in Frage, aber ein Kalkanstrich reguliert seinen Feuchtigkeitsgehalt selbst, er wird dunkler, wenn er Feuchtigkeit aufnimmt, und heller, wenn er sie wieder abgibt. Grundsätzlich ist ein Kalkanstrich auch im Badezimmer eine gute Wahl, allerdings nicht in den Bereichen, die direkt mit Wasser in Kontakt kommen. Emulsionen auf natürlicher Basis, besonders solche, die mit einem seidigen Glanz trocknen, sind für das Badezimmer besonders empfehlenswert.

Das Schlafzimmer

Im Schlafzimmer ist es vor allem wichtig, dass man sich geschützt und behütet fühlt. Wie unschuldig und wehrlos sieht ein Schlafender doch aus! Beim Schlafen vollzieht unser Körper wichtige Funktionen als Vorbereitung für den nächsten Tag. Auf psychologischer Ebene verarbeiten wir die Ereignisse und Gefühle des vergangenen Tages und erhalten Eingebungen und Ideen für den nächsten. Neben seiner Funktion als ruhiger und geschützter Ort zum Schlafen ist das Schlafzimmer auch der Ort, wo wir uns lieben. Was trägt dazu bei, dass ein Raum Entspannung, Schutz und Intimität bietet?

Idealerweise sollte das Schlafzimmer von der Straße oder anderen Geräuschquellen abgekehrt und nach Osten oder Südosten ausgerichtet sein, um Morgensonne zu erhalten. Wenn jemand morgens nur mit Mühe wach wird, helfen dünne Vorhänge, die das Morgenlicht gefiltert hereinlassen. Für alle, die schlecht schlafen oder leicht von Geräuschen gestört werden, sind schwere Vorhänge besser, die das Licht abhalten. Helle Beleuchtung ist im Schlafzimmer nicht nötig, gute Leselampen am Bett sind gewöhnlich ausreichend. Lampen, deren Licht mehr ins Bläuliche tendiert, haben eine beruhigende Wirkung auf Seele und Körper.

Männer und Frauen haben oft einen sehr abweichenden Geschmack, was die Gestaltung des Schlafzimmers betrifft, deshalb hier nur einige Anhaltspunkte zur richtigen Farbwahl: Rote und orange Farben wirken stimulierend und regen zu Aktivität an. Blau kann entspannend wirken, aber durch seine kühlende Eigenschaft auch distanzierend. Hellgelbe Farben sind zwar fröhlich, aber sie fördern auch geistige Tätigkeit und sollten besonders dann im Schlafzimmer vermieden werden, wenn man zu Schlaflosigkeit neigt. Töne von Creme, weichem Grün, Pfirsich, Rose, Lachs und Pflaume üben alle während der Nacht eine unterstützende, beruhigende und erholsame Wirkung aus. Wer im Schlafzimmer auch gerne meditiert, mag Abstufungen von Lila oder Lavendel wählen, Farben, die ein Gefühl von Ruhe hervorrufen und den Kontakt mit der spirituellen Seite des Lebens fördern. Dagegen stimulieren Purpurrot und Magenta sowie Rot- und Orangetöne die sexuelle Aktivität.

Im Schlafzimmer sollten für den Wandanstrich nicht zu viele Farben zusammengemischt werden, da die Wirkung sonst zu unruhig ist. Genügend Abwechslung kann durch farbige Leintücher, Deckbetten, Vorhänge, Lampenschirme oder Bilder eingebracht werden. Schlafzimmerwände für Erwachsene sind wegen der geringen Beanspruchung der ideale Ort, um die

Die Wandfarben sollten sorgfältig ausgesucht werden, ganz gleich, in welchem Stil das Badezimmer gehalten ist.

Oben und unten: Eine ruhige Atmosphäre läßt sich in einem Schlafzimmer z.B. dadurch erzeugen, dass man bei Abstufungen einer einzigen Farbe bleibt.

Schönheit von Kasein- oder Leimfarben zu genießen.

Es ist möglich, den Energiefluss im Haus oder in der Wohnung durch eine überlegte Farbwahl zu fördern. Um zu verhindern, dass die Räume voneinander isoliert wirken, sollten Farben oder Elemente von einem Raum zum nächsten übertragen werden. Dieses Prinzip ist keineswegs nur auf Wandfarben beschränkt, solche Verbindungen sind mit allen möglichen Gegenständen zu schaffen. Man braucht sich nur fließende Übergänge von einem Raum zum nächsten vorzustellen und die eigenen Einfälle zum Energiefluss verwirklichen ....

Der Wandanstrich meines Schlafzimmers (rechte Seite) ist den Farben der Stockrosen in meinem Garten nachempfunden sowie einer alten spanischen Villa, abgebildet in einer Zeitschrift. Um zu verhindern, dass das Rosa zu blass und kränklich wirkt, stattete ich den Raum mit Kissen, Kerzen und Bilder in tiefem Burgunderrot und vielen grünen Pflanzen aus. Die Türen sind alte Kassettentüren mit schmalen Leisten um die Kassetten herum. Diese und die Leisten auf den Türrahmen strich ich ebenfalls burgunderrot, so dass die Farbenergie nun vom Schlafzimmer auf den Flur und von dort in das Arbeitszimmer weitergetragen wird, wo das Burgunderrot als Komplementärfarbe die türkisfarbenen Wände subtil ergänzt.

Angela Findlay, Farbtherapeutin

Links: Eine bestickte Tagesdecke bringt einen Hauch von Luxus in ein Schlafzimmer.

Oben und links: Blumen, besonders duftende, können in einem Schlafzimmer Sinnlichkeit verbreiten.

Kinderzimmer

Ein Kinderzimmer verändert sich von Natur aus mit der Zeit. In einem typischen Babyzimmer befinden sich vielleicht ein Regalbrett mit Häschen oder Teddybären und ein Mobile über dem Bettchen. Ein paar Jahre später haben sich die Teddybären in Raumschiffe oder Pferde verwandelt. Wenn die Kinder nun ihr Zimmer selbst gestalten, bedecken Poster von Popstars, Delphinen, Autos und Fußballspielern die Wände. Und sind sie dann fünfzehn Jahre alt, ist vielleicht jeder Fleck im Zimmer voll mit Schnickschnack und Elektronik.

Bei der Gestaltung des Kinderzimmers sollte uns deshalb bewusst sein, dass häufige Änderungen an der Tagesordnung sind. Babys ist der Einrichtungsstil gleichgültig, sie wollen sich nur geschützt und geborgen fühlen. Wenn wir uns vorstellen, wo sie vorher waren - im Mutterleib, umgeben von Wärme, Weichheit, Dunkelheit und dem rhythmischen Herzschlag der Mutter – dann können wir uns auch den unglaublichen Kontrast zur Außenwelt vorstellen, mit ihrer Härte, Kälte und ihren grellen Lichtern. Also sollte das Kinderzimmer zunächst den Mutterleib simulieren. Weiche Vorhänge an den Fenstern schaffen ein sanftes Licht, und Wände mit Farbschichten aus blassem aber warmem Rosa oder im Farbton von Pfirsichblüten erzeugen eine heimelige Umgebung. Es ist in diesem Stadium am besten, die Ausstattung einfach zu halten und das Baby nicht mit Bildeindrücken zu überlasten.

Kaseinfarbe ist gut für ein Babyzimmer – völlig ungefährlich, natürlich und geruchlos. Der Bereich um den Wickeltisch lässt sich mit Lasur schützen. Sobald das Kind sich im Raum bewegt, wird Strapazierfähigkeit ein wichtiger Faktor, so dass es angebracht ist, die Kaseinfarbe mit einer seidenmatten Emulsion auf natürlicher Basis zu überstreichen. Wenn Kinder größer werden, brauchen sie einen kleinen, intimen, versteckten und behaglichen Zufluchtsort sowie genügend Raum zum Rennen und Schreien, zum Bauen und Entwickeln. Christopher Alexander schrieb in seinem Buch *The Pattern Language*: "Wenn Kinder keinen Platz finden, wo sie dann und wann ihre ungeheuren Energiemengen loslassen können, dann treiben sie sich selbst und die ganze Familie die Wände hoch."

Wie kann man diese unterschiedlichen Anforderungen in einem einzigen Raum kombinieren? Ideal wäre ein kleiner Raum, der an eine größere Fläche angrenzt; fast so gut ist ein großer Raum, der unterteilt werden kann. Eine reizvolle Lösung besteht darin, das Bett auf ein Podest zu stellen. Der Platz darunter kann dann zum Aufbewahren von Spielzeug, aber auch als geheime Höhle Verwendung finden. Ausgestattet mit Vorhängen wird er noch geheimnisvoller. Wenn dann das Kind größer wird, kann der Platz unter dem Bett zum universellen Aufbewahrungsraum werden.

Ich hatte die Idee, mein Bett höher zu stellen, weil mein Zimmer unter dem Dach ist und nach oben viel ungenutzten Platz hat. Es gefällt mir, dass mein Bett vom Fußboden weg ist, weil es Spaß macht...als ob ich dort oben eine kleine Höhle hätte. Mein Zimmer ist recht klein, und so habe ich jetzt mehr Platz unter dem Bett, und kann dort meine Kleider unterbringen. Ich wollte farbige Lasur an den Wänden haben, weil mir der Effekt gefällt, und ich wählte warme Safran- und Terrakottatöne, um es schön gemütlich zu haben. Ich liebe Indien, deshalb erinnern viele Gegenstände in meinem Zimmer an Indien (siehe Bild rechts unten).

Nastasha Lawless, 13 Jahre

Im Spiel- und Arbeitsbereich sind offene Regale und eine Tischplatte für die Hausaufgaben und zum Basteln wichtig. Die Höhe der Arbeitsplatte sollte verstellbar sein, so dass sie sich der Größe des Kindes anpassen läßt. Auch die Stärke der Beleuchtung sollte regulierbar sein.

Welche Ausstattung und Farben unterstützen diesen Bereich mit seiner Bandbreite an Nutzungsanforderungen am besten? Eine Atmosphäre, die so wenig wie möglich einschränkend wirkt, läßt Raum für die eigenständige Entwicklung des Kindes. Leonardo da Vinci sprach von der Suggestivkraft von planlos über die Wand verstreuten Kleckse, um die schöpferische Phantasie zu beflügeln. Kinder träumen stundenlang in ihrem Zimmer – also ist es wichtig, ihrer Phantasie Nahrung zu geben.

Farbige Lasurschichten an den Wänden, die Tiefe und Geräumigkeit vermitteln, fördern die Kreativität. Subtile Effekte, zum Beispiel mit dem Schwamm oder einem gerollten Lappen ausgeführt, eignen sich ebenfalls für das Kinderzimmer. Wichtig ist, dass die Wirkung sanft, transparent und weich ist. Mit der Zeit können weitere Farbschichten dazukommen, um den Effekt zu verstärken, und um die unweigerlichen Abnutzungen eines "Arbeitsraumes" zu überdecken.

Kleinere Kinder brauchen einen Raum, der erfinderische, phantasievolle Aktivitäten innerhalb einer warmen, geschützten und träumerischen Umgebung unterstützt. Die Farben, die dazu am besten passen, sind weiche, ausgewaschene Terrakottatöne bis hin zu warmen Rosatönen. Jüngere Heranwachsende benötigen andererseits eine Umgebung, die die Verinnerlichung äußerer Aktivität und die Entwicklung des Intellekts unterstützt. Die geeigneten Farben dafür wären im Bereich der kühlen Blautöne oder in Gelbtönen zu finden, wobei es gut ist, wenn viel Tageslicht und die Farbgebung der angrenzenden Räume die Kraft und Tiefe dieser Farben etwas dämpfen.

Viele Jugendliche möchten ihr Zimmer in starken Primärfarben oder manchmal auch in Schwarz streichen. Das Schwarz dient als Schutzmantel, unter dem sich die neue Identität des jungen Erwachsenen heranbilden kann, es ermöglicht eine Abgrenzung zwischen dem Kind und der Außenwelt. Für einen Jugendlichen, der neue Gefühle entdeckt, was oft mit Unbehagen verbunden ist, kann ein solcher Schutz hilfreich sein. Andererseits rufen die Primärfarben gefühlsmäßige Reaktionen hervor und verraten ganz klar etwas über unsere Identität.

Wie dem auch sei, Eltern können ihre Kinder durch die Zeit des Heranwachsens begleiten, indem sie sie ermuntern, sich durch Farbe auszudrücken, und indem sie anerkennen, dass Kinder die verschiedenen Wege ihres Seins erkunden müssen.

Kinderzimmer sind Vielzweckräume. In jedem der hier abgebildeten Räume ist ein offener Bereich zum Spielen mit einem abgegrenzten Schlaf- und Ruhebereich kombiniert.

Markenprodukte

Manche käuflichen Naturfarben haben eine ähnliche Zusammensetzung wie die einfachen Rezepturen im dritten Kapitel. Andere anspruchsvollere Mixturen basieren oftmals auf traditionellen Rezepturen, sind aber mit Zusatzstoffen versehen, um bessere Arbeitsergebnisse zu erbringen. Nachfolgend sind Zusatzsstoffe beschrieben, durch die sich die Grundrezepturen aufwerten lassen, um erwünschte Eigenschaften von Naturfarben zu verbessern.

Auf den folgenden Seiten sind Beschreibungen der Inhaltsstoffe zu finden, die auf den Etiketten von handelsüblichen Naturfarben aufgeführt sind – denn auch bei Naturfarben ist es nützlich, zu wissen, welche Stoffe darin enthalten sind.

Mögliche Inhaltsstoffe von Kaseinfarben

Bindemittel

Kasein
Getrockneter Quark/Protein. Starker Kleber, besonders in Verbindung mit einem Alkali wie Kalk.

Kalk
Branntkalk (Kalziumoxyd) oder Sumpfkalk (Kalziumhydroxyd) (Vorsicht ätzend!). Wird aus Kalziumkarbonat hergestellt.

Zellulose
Die wichtigste molekulare Komponente von pflanzlichen Zellwänden und die häufigste organische Verbindung auf der Erde. Zellulose besteht aus sehr langen Ketten von Glukosemolekülen, die spiralig miteinander verschlungen und nicht wasserlöslich sind. Zellulose wird industriell aus Holzbrei hergestellt und als selbständiges Bindemittel benutzt. Es quillt in Wasser zu einer geleeartigen Masse auf und sorgt so als Verdickungsmittel dafür, dass die anderen Zutaten in der Mischung verteilt bleiben. Methylzellulose ist chemisch aufgeschlossene Holzzellulose.

Streckmittel (Füllstoffe)

Kalziumkarbonat
Weit verbreitetes Mineral, der Hauptbestandteil vieler Gesteine, kommt u.a. als Kalzit, Kreide und Kalkstein vor. Kalziumkarbonat besteht aus fossilen Skelettresten winziger Meerestiere. Dient zur Kalkherstellung.

Kreide
Feinkörniges weißes Gestein, das hauptsächlich aus Kalziumkarbonat besteht, ähnlich wie Kalkstein, aber weicher. Kreide wird fein gemahlen als Streckmittel und auch als weißes Pigment verwendet.

Kaolin
Einer der reinsten, weißesten und formbarsten Tone. Dient auch zur Porzellanherstellung.

Ton
Silikattone sind quellfähige natürliche Mineralien. Sie werden deshalb als thixotrope Mittel in wässrigen und ölhaltigen Produkten eingesetzt.

Marmorstaub
Marmor entstand erdgeschichtlich durch Einwirkung von Hitze und Druck auf Kalkstein. Die Struktur ist hart und kristallin.

Talkum (Magnesiumsulfat)
Wird ebenfalls als thixotropes Bindemittel eingesetzt. Es verhindert das Absetzen der übrigen Inhaltsstoffe und verbessert Haftung und Ergiebigkeit.

Pigment

Erd- und Mineralpigmente
Hauptsächlich weißes Pigment (z.B. Titandioxid), um die Deckfähigkeit der Grundmischung zu erhöhen, aber auch Erdpigmente zum Abtönen (Ocker, Umbra, Oxidbraun, Englischrot, Persischrot, Erdschwarz).

Mögliche Inhaltsstoffe von Emulsionen auf ökologischer Basis

Bindemittel

Zellulose/Methylzellulose
(Siehe oben)

Kolophonium-Glyzerinester
Kolophonium ist ein harter, brüchiger, durchscheinender Stoff, der durch Dampfdestillation aus rohem Terpentinharz gewonnen wird, das (ähnlich wie Latex aus Kautschukbäumen) aus Nadelbäumen gezapft wird. Der flüssige Teil des Harzes wird als Terpentinöl verwendet. Das Harz wird mit Glyzerin zu einem elastischen Material eingekocht.

Dammar
Sehr helles, nicht-gilbendes, durchsichtiges Baumharz. Der Saft wird in einem nachhaltigen Verfahren von der Dammarafichte (*Agathis alba*) geerntet und als hochelastisches Bindemittel genutzt. Löslich in Alkohol und Terpentinöl.

Leinöl-Standöl
Dickflüssiges Öl, das durch Kochen von Leinsamenöl (ausgepresste Samen des Flachses) bei hoher Temperatur (mindestens 315°C) hergestellt wird. Es trocknet schneller als rohes Leinöl und wird sowohl als elastisches

Bindemittel als auch als Trockenstoff verwendet.

Rizinus-Standöl
Dehydratisiertes Rizinusöl, aus den Samen der Christuspalme (*Rizinus communis*). Hoch viskoses Bindemittel und Trockenmittel. Rizinusöl macht Farben weicher, verhindert das Vergilben und verbessert die Haftung.

Lösungsmittel und Emulgatoren

Lezithin
Wird aus Sojabohnen, Erdnüssen und Mais hergestellt. Ein gelartiges Produkt, bei Farben und auch bei Nahrungsmitteln als Emulgator und Stabilisator verwendet.

Orangenschalenöl
Ätherisches Öl, als Verdünnungsmittel verwendet.

Pflanzenalkohol
Äthanol. Entsteht bei der Vergärung von stärkehaltigen Pflanzen. Als Verdünnungsmittel verwendet.

Essigsäureester
Durch Destillation von Essigsäure hergestelltes Lösungsmittel.

Streckmittel (Füllstoffe)

Aluminiumsilikat
Weißes Mineral. Lehm und Ton bestehen hauptsächlich aus wasserhaltigen Aluminiumsilikaten, gemischt mit anderen Substanzen.

Kreide
(Siehe Kaseinfarbe)

Kalkspat
Kalkspat oder Kalzit. (Siehe Kalziumkarbonat unter Inhaltsstoffen von Kaseinfarbe)

Kaolin
(Siehe Kaseinfarbe)

Marmorstaub
(Siehe Kaseinfarbe)

Talkum
(Siehe Kaseinfarbe)

Andere Inhaltsstoffe

Borate
Natürlich vorkommende alkalische Mineralien.

Eukalyptusöl
Duftendes ätherisches Öl mit antibakterieller Wirkung.

Rosmarinöl
(*Rosmarinus officinalis*) Duftendes ätherisches Öl mit pilzhemmender und konservierender Wirkung.

Natriumhydroxid
ist Ätznatron (in Form von Pastillen im Handel) ergibt in Wasser gelöst eine starke Lauge (Vorsicht, ätzend). Wird industriell durch Chloralkalielekrolyse gewonnen.

Titandioxid
Teures weißes Mineralpigment, das wegen seiner hohen Deckkraft geschätzt und viel verwendet wird.

Mögliche Inhaltsstoffe von Lasuren

Bindemittel

Karnaubawachs
Gelbliches Wachs aus den Blättern der Karnaubapalme (*Copernicia cerifera*). Der Baum scheidet das Wachs als Schutz vor Verdunstung durch die heißen Winde seiner brasilianischen Heimat aus. Dieser Überzug wird durch Trocknen und „Dreschen" entfernt. Karnauba ist das härteste Naturwachs mit dem höchsten bekannten Schmelzpunkt. Wegen seiner Härte wird es manchmal benutzt, um die Festigkeit weicherer Wachse zu erhöhen.

Zellulose/Methylzellulose
(Siehe Kaseinfarbe)

Lösungsmittel und Emulgatoren

Essigsäureester
(Siehe Emulsionen auf ökologischer Basis)

Streckmittel (Füllstoffe)

Tone
(Siehe Kaseinfarbe)

Kieselgur
Eine Silikatverbindung aus den Gerüsten einzelliger Kieselalgen (Diatomeen). Wird als diffusionsförderndes, abstumpfendes Streck- und Suspensionsmittel verwendet.

Quarzmehl
Quarzmehl wird aus Sand oder Quarz (Siliciumdioxid) gewonnen und zum Härten sowie als Abstumpfmittel benutzt. Stärkendes Streckmittel, das die Farbe gegen Abschleifen widerstandsfähiger macht und ihr einen seidenmatten Glanz gibt.

Mögliche Inhaltsstoffe von Matt- oder Glanzlacken

Bindemittel

Kolophonium
(Siehe Emulsionen auf ökologischer Basis)

Leinöl
Trocknendes Öl, das unter Lufteinwirkung eine trockene, zähe, strapazierfähige, elastische Haut bildet, aus Flachssamen gewonnen. (Siehe unter Emulsionen auf ökologischer Basis)

Methylzellulose
(Siehe Kaseinfarbe)

Rizinusöl
(Siehe Emulsionen auf ökologischer Basis)

Alkydharz auf Sojabasis
Alkydharze sind synthetische Harze, die auch aus (nachwachsenden) Sojabohnen unter Einsatz von chemischer Säuren und Syntheseverfahren hergestellt werden können.

Sonnenblumenöl
Aus Sonnenblumensamen gewonnen. Nicht-gilbendes Qualitätsöl für Farben.

Lösungsmittel und Emulgatoren

Limonen
Limonen sind der Hauptbestandteil von Orangenschalenöl, das durch kaltes Auspressen oder Dampfdestillation aus Orangenschalen gewonnen wird. Wird als Lösungsmittel in Farben und Reinigern verwendet.

Isoaliphate
Isomerische aliphatische Kohlenstoffderivate aus Erdgas. Geruchsarmes Lösungsmittel von geringer Giftigkeit.

Sojalezithin
(Siehe Emulsionen auf ökologischer Basis)

Streckmittel (Füllstoffe)

Kreide
(Siehe Kaseinfarbe)

Tone
(Siehe Kaseinfarbe)

Dolomit
Ein leichtes Mineral, Kalzium-Magnesium-Karbonat.

Marmorstaub
(Siehe Kaseinfarbe)

Kieselsäure
(Siehe Lasuren)

Trockenstoffe

Kobalt
Metall, das in kleinen Mengen als starker „aktiver" Trockenstoff dem Leinöl zugesetzt wird. Wirkt als Katalysator für die Oxidation und fördert so das Festwerden des Farbauftrages. Wird im Allgemeinen zusammen mit sekundären Trockenstoffen wie Zirkonium angewendet, die die Polymerisation des Bindemittels unterstützen. Dies ergibt eine Kombination von strapazierfähiger Oberfläche mit flexibler Farbschicht darunter, die sich mit dem Holz bewegt.

Zink- und Zirkoniumsalze
Sekundäre Trockenmittel oder Sikkative.

Andere Inhaltsstoffe

Borate
(Siehe Emulsionen auf ökologischer Basis)

Glyzerinester
Nebenprodukt bei der Aufspaltung von Öl zur Herstellung von festen Stearinsäuren. Die Öle können tierischer (Talg) oder pflanzlicher (Palmöl) Herkunft sein.

Titandioxid
(Siehe Emulsionen auf ökologischer Basis)

Xanthan
Ein Stoff, der von dem Mikroorganismus *Xanthamonas campestris* produziert und als Verdickungsmittel und Stabilisator in Farben und Nahrungsmitteln verwendet wird.

Andere mögliche Inhaltsstoffe von Naturfarben und Oberflächenmittel, die im Handel erhältlich sind

Terpentinöl
Destilliert aus Kiefern-Naturölharz, das von lebenden Bäumen gezapft wird. Flüchtiges Öl, als Lösungsmittel genutzt. (Siehe Kolophonium, unter Inhaltsstoffe von Emulsionen auf ökologischer Basis)

Bienenwachs
Leicht erhältliches, weiches Wachs, das in vielen Teilen der Welt seit langem genutzt wird. Die Arbeiterinnen der Honigbiene scheiden eine klare Flüssigkeit aus Drüsen auf der Unterseite des Hinterleibs aus. Diese Flüssigkeit verfestigt sich bei Luftkontakt zu einem weißen Wachs – die gelbe Farbe kommt von dem Gehalt an Pollen – und sie bauen damit die Waben.

Kopalharz
Hartes tropisches Baumharz, das in fossiler Form wie Bernstein gegraben, aber auch frisch von Bäumen gewonnen wird. In Alkohol gelöst zur Herstellung von Firnissen, aber auch für Weihrauch und als Meditationshilfe verwendet.

BEZUGSQUELLEN UND KONTAKTE

Naturlatex
Nicht mit den synthetisch hergestellten Latexfarben zu verwechseln. Naturlatex ist die milchige Flüssigkeit, die aus den Kautschukbäumen, besonders *Hevea brasiliensis*, tropft, wenn die Rinde angeritzt wird. Der daraus gewonnene Naturkautschuk dient als elastisch bleibendes Bindemittel.

Schellack
Harzige Ausscheidung der winzigen, parasitär lebenden Lackschildlaus (*Laccifer lacca*). Man kratzt entweder die Kruste von den Zweigen, oder man schneidet die ganzen Zweige ab (Stocklack). Der Stoff wird gemahlen, gewaschen, getrocknet, in Alkohol gelöst und als Firnis verwendet.

Tungöl (Holzöl)
Aus den Samen des in China und Japan wachsenden giftigen Tungbaumes gewonnen. Tungöl wird als schnell trocknendes Bindemittel in Farben und Firnissen verwendet.

(ohne Anspruch auf Vollständigkeit)
Regionale Bezugsquellen und Läden mit Biofarben können über die Lieferantennachweise der Hersteller (zum Teil im Internet aufgelistet) erfahren werden.

Naturfarbenhersteller

Auro Pflanzenchemie GmbH
Alte Frankfurterstr. 211
D-38122 Braunschweig
Tel: 0531-28141-0
Fax: 0531-28141-61
Internet: www.auro.de

Wandfarben, Imprägnierungen, Wachsbalsame, Holzlasuren, Naturharz-Lacke

Aglaia
Beeck'sche Farbwerke
Beeck GmbH & Co. KG
Postfach 810224
70519 Stuttgart
Tel: 0711-90020-0
Fax: 0711-90020-10
Email: beeck@beeck.de
Internet: www.beeck.de

Mineralfarben, pflanzliche Naturfarben

Bio Pin Vertriebs GmbH
Linumweg 1 - 8
26441 Jever
Tel.: 04461-7575-0
Fax: 04461-7575-10
Email: info@biopin.de
Internet: www.biopin.de

Naturharzlasuren, Lasuren Wachse, Bienenwachspräparate, Farben und Lacke

Biofa Naturprodukte
W. Hahn GmbH
Dobelstr. 22
73087 Boll
Tel.: 07164-9405-0
Fax: 07164-9405-96
Email: Info@biofa.de
Internet: www.biofa.de

Innen- und Außenfarben, Holzschutzsysteme

Biofarben GmbH
Pariser Str. 51
10719 Berlin
Tel.: 030-880977-30
Fax: 030-880977-39
Internet: www.biofarben.de

Schwedenrot (Farbpigmente)

ECCO Naturfarben
Industriepark Waldesruh
D 17321 Löcknitz
Tel: 039754-51-0
Fax: 039754-51-299
Email: info@ecco-naturfarben.de
Internet: www.ecco-naturfarben.de

Wandfarben, Holzlasuren und Lacke

Ecotec Naturfarben GmbH
Holzweg-Volvox
Kalkofenweg 2
D 58513 Lüdenscheid
Tel.: 02351-9539-5
Fax: 02351-9539-99
Email: holzweg@t-online.de
Internet: www.volvox.de

Lasurbindemittel, Farben und Lacke

Haga AG Naturbaustoffe
Hübelweg 1
CH-5102 Rupperswil
Tel.: 0041--62-897-4141
Fax: 0041--62-897-2630
Email: info@haganatur.ch
Internet: www.haganatur.ch

Farben und Lacke

Hesedorfer Naturfarben,
Schuhmacher, Kerker
Hirtenweg 50
D-27356 Rotenburg /Wümme
Tel.: 04261-63888
Internet: www.hesedorfer.de

Farben, Lacke, Pigmente, Holzschutzmittel

Holzweg Naturfarben GmbH
Altonaer Str. 23
D-58507 Lüdenscheid
Tel: 02351-26122

siehe Ecotec Naturfarben GmbH

BEZUGSQUELLEN UND KONTAKTE

Kreide-Farbenwerk Rügen GmbH
Quatzendorf Nr. 1
18551 Sagard
Tel.: 038302-2228
Fax: 038302-3055
Email: Kreide-Farbenwerk Ruegen GmbH@t-online.de

umweltfreundliche Farben und Lacke

Kreidezeit Naturfarben GmbH
Cassemühle 2
D-31196 Sehlem
Tel: 05060-6080-650
Fax: 05060-6080-680
E-Mail: info@kreidezeit.de
Internet: www.kreidezeit.de

Naturfarben und Rohstoffe zum Selbermischen u.v.m.

Leinos Naturfarben GmbH
Weilenburgstr. 29
D 42579 Heiligenhaus
Tel: 02056-9326-0
Fax: 02056-9326-25
Internet: www.leinos.de

Lasuren, Wachse, Balsame, Wandfarben, Abtönpasten, Leime, Kleister, Klebstoffe u.v.m.

Livos Pflanzenchemie Forschungs- und Entwicklungs-Gesellsch.mbH & Co.KG
OT Emern
D 29568 Wieren
Tel: 05825-88-0
Fax: 05825-88-60
Email: info@livos.de
Internet: www.livos.de

Wandfarben, Imprägnierungen, Wachsbalsame, Holzlasuren, Naturharz-Lacke

Fa. Naturhaus
Eichenstr. 8
83083 Niedermoosen
Tel.: 08036-3005-0
Fax: 08036-300530

Naturfarben

Natural Naturfarben GmbH
Scherzenlehner Harze GmbH + Co KG
Pascinger Str. 32
A-4060 Leonding
Tel.: 0043-732-6700-21
Email:
h.scherzenlehner@natural.at
Internet: www.natural.at

in Deutschland:
Natural Naturfarben GmbH
Postfach 1116
D 83381 Freilassing
Tel: 08654-494890
Fax: 08654-494892

Harze, Holzlasuren, Lasuren, Öle, Wachse, Naturharzdispersionsfarbe, Lacke

Sehestedter Naturfarben
Dritte Haut Laden – Adolf Riedl
Alter Fährberg 7
D 24814 Sehestadt
Tel: 04357-1049
Fax: 04357-750
Email: info@chito.com
Internet-Shop: www.chito.com

umweltfreundliche Farben und Lacke

Natürliche Pigmente

Wolfgang Feige
Waidplatz 6
99192 Neudietendorf
Tel.: 036202-90569

Thüringer Waid

Dr. Georg Kremer
Dipl. Chemiker Farbmühle
88317 Aichstetten/Allgäu
Tel.: 07565-1011
Fax: 07565-1606
Internet: www.kremer-pigmente.de

Umfangreiches Sortiment an Pigmenten aller Art; Farben-, Lack- und Malmittel

Ing. Heinz Steinmeyer
Angerweg 3. 8
83083 Riedering
Tel.: 08036-3111
Fax: 08036-3168

Rindenfarben

Schablonen

Schablonen-Shop.de
Schulstr. 27
23881 Breitenfelde
Tel.: 04542-829797
Internet: www.schablonen-shop.de

Online-Shop mit großer Auswahl fertiger Schablonen

Viele nützliche Informationen können auch im Internet mittels Suchmaschine (z.B. www.Google.de) unter dem Stichwort Naturfarben abgerufen werden.

STICHWORTVERZEICHNIS

STICHWORTVERZEICHNIS

DANK UND BILDNACHWEIS

Dank der Autorinnen

Ein herzliches Dankeschön an Roger Budgeon, der ebenso wie Bruce Walker Zeit, Raum und Arbeitsmaterial zur Verfügung gestellt hat. Die Fachkenntnis von Angela Findlay, Alan Beaven und Steve Niner war für das Gelingen des Buches sehr hilfreich.

Dank an John und Marianne Downs sowie Tara, die großzügig ihr Heim für Fotobeispiele zur Verfügung gestellt haben. Weiter möchten wir Sheila York und Heather Brown für ihre inspirierenden Fotoaufnahmen danken.

Unser ganz besonderer Dank gilt Martyn Mason, der durch sein breites geschichtliches Wissen und sein praktisches Wissen viel zum Gelingen des Buches beigetragen hat und uns während der Arbeit durch seine Unterstützung sehr ermutigte.

Danken möchten wir weiterhin Judy Allan, Natasha Lawless, Anne Marie Robinson, Maciek Sikora, Dorothee von Grieff und den Mitarbeiterinnen vom Verlag Kyle Cathie Ltd.

Farbberaterin und Farbtherapeutin:
Angela Findlay
angelafindlay@insidecolours.freeserve.co.uk
07881 526 925

Feng Shui Beraterin:
Maciek Sikora
contact.magic@virgin.net
07773 393 009

Einrichtungsberater:
Martyn Mason
48 Horns Road
Stroud
Gloucestershire
GL5 1ED
01453 758 625

Dank des Verlages

Den folgenden Personen, Firmen und Institutionen möchten wir für die Überlassung von Bildmaterial danken:

5 Ray Main/Mainstream; **6** top Andrew Wood/The Interior Archive; **7** left Ray Main/Mainstream; **8** Caves of Lascaux, Dordogne, France/Bridgeman Art Library; **9** ANT/NHPA; **10** Caves of Lascaux, Dordogne, France/ Bridgeman Art Library; **11** left to right B. Norman/Ancient Art and Architecture and Georgia Glynn-Smith/Garden Picture Library; **12** (Copyright The British Museum; **13** Mary Jeliffe/Ancient Art and Architecture; **14** Ray Main/Mainstream/Designer DrewPlunkett; **16-17** Museo e Gallerie Nazionali di Capodimonte/ Bridgeman Art Library; **18** Herbert Ypma/The Interieur Archive; **19** left to right By permission of the British Library (ROY.6.E. folio 329 min.) and Lawrence Engelsberg/Swift Imagery; **20** Malachite (The Natural History Museum; **21** Michael Leach/NHPA; **22** James Carmichael Junior/ NHPA; **23** Lead ore (The Natural History Museum; **24** top to bottom BBC Natural History Unit, Lapis lazuli (The Natural History Museum and Howard Rice/ Garden Picture Library; **25** left to right Lead (The Natural History Museum and Dorothy Burrows/ Swift Imagery; **26** Jany Sauvanet/ NHPA; **29** sunflower Densey Clyne/Garden Picture Library; linseed Guy Edwardes/NHPA; poppies BBC Natural History Unit, Lead (The Natural History Museum; reseda Ros Wickham/ Garden Picture Library; **32** Ray Main/Mainstream; **39** Elizabeth Whiting and Associates; **47** Ray Main/Mainstream; **92** top to bottom Elizabeth Whiting and Associates; Nick Todd/Elizabeth Whiting and Associates; Gill Wyatt-Smith/Elizabeth Whiting and Associates; Earl/Elizabeth Whiting and Associates; **93** Ray/Main/Mainstream/ Architect Charles Rutherford; **140-141** Simon Mc bride/The Interior Archive; **142** Andrew Dee/ Abode; **144** Ray Main/ Mainstream/Architect Charles Rutherford; **145** Simon McBride/ The Interior Archive; **146** Painter: Fleur Kelly (01373 814651/ www.fleurkelly.com/info@fleurkelly.com). Site: Health Center, Voyager of the Seas, Royal Caribbean International Photographer: Fotek.; **147** Simon McBride/The Interior Archive; **148** Ray Main/Mainstream; **149** Ray Main/Mainstream; **150** Ray Main/Mainstream; **151** Ray Main/Mainstream; **153** Ray Main/Mainstream; **156** left Ray Main/Mainstream; **157** middle and bottom Ray Main/Mainstream; **158** Ray Main/Mainstream; **161** Ray Main/Mainstream; **162** Ray Main/Mainstream/Designer Oriana Fielding Banks; **163** left and right Ray Main/Mainstream; **165** Ray Main/Mainstream; 168 left and right Ray Main/ Mainstream; **169** Ray Main/Mainstream/Designer Gianni Cinnali; **170** Ray Main/Mainstream; **172** Ray Main/Mainstream/Architect Spencer Fung; **173** left to right Ray Main/Mainstream and Andrew Wood/The Interior Archive; **175** Ray Main/Mainstream; **176** left and right Ray Main/Mainstream; **177** Ray Main/Mainstream; **178** top to bottom Ray Main/Mainstream/ LTS Architects, Ray Main/Mainstream/Mulberry and Ray Main/-Mainstream; **179** right Ray Main/ Mainstream; **180-181** young girl Edina van der Wyck/The Interior Archive; yellow bedroom Tony Hall/Abode; flowers Francesca Yorke

Weitere Bücher bei antis im ökobuch Verlag

Edgar Haupt, Anne Wiktorin

Wintergärten

Ausführliche, praxisnahe Anleitung für Planung und Bau von Wintergärten: Raumklima, Konstruktionen, Materialien, Verglasungs- und Klimatisierungssysteme, Bauschäden, Hinweise für die Bepflanzung. 4. Aufl. 2004, 192 S. m.v. z.T. farb. Abb., geb. 22,50 €

Ingo Gabriel, Heinz Ladener Hrsg.

Vom Altbau zum Niedrigenergiehaus

Energietechnische Gebäudesanierung in der Praxis: Katalog erprobter Wärmedämmkonstruktionen, Empfehlung zur Haustechnik-Erneuerung, Tips zu Ausschreibung und Ausführung. 5. Aufl. 2006, 262 S. viele z.T. farb. Abb., geb. 29,90 €

Gottfried Haefele, Wolfgang Oed, Ludwig Sabel

Hauserneuerung

Instandsetzen - Renovieren - Modernisieren: Anleitung zur Selbsthilfe. Das Buch beschreibt den behutsamen, handwerklich sachgerechten Umgang mit alter Bausubstanz.
237 S., 200 Abb., 21x21 cm , 8. Aufl. 2003 25,50 €

Heidi Howcroft

Gestalten mit Holz im Garten

Bodenbeläge, Holzdecks, Zäune, Rankgerüste, Lauben. Bauanleitungen und Gestaltungsideen für Nützliches und Dekoratives aus Schnittholz und aus grünem Holz. 135 S. m.v. Abb., 21 x 21cm geb. 2. Aufl. 2006 19,90 €

Claudia Lorenz Ladener

Naturkeller

Grundlagen, Planung und Bau von naturgekühlten Lagerräumen im Haus oder Freiland, um für Obst und Gemüse Überwinterungsmöglichkeiten zu schaffen. 139 S. m.v.Abb. 15,30 €

Maggy Howarth

Kieselstein-Mosaik

Schöne Böden für Wege und Lieblingsplätze im Garten selbst gestalten. Exakte Anleitungen für einfache und fortgeschrittene Arbeiten mit Tips aus der Praxis. Viele Gestaltungsvorschläge geben Anregung für eigenes kreatives Schaffen. 2001, 118 S. m.v.Abb., geb. 20,40 €

Jon Warnes

Mit Weiden bauen

Anleitungen für Zäune, Laubengänge Wigwams, Sitzplätze und grüne Kuppeln. Ein Kurs über das Pflanzen und Arbeiten mit lebendem Material, der zeigt, wie viele schöne Dinge sich aus Weiden herstellen lassen. 3. Aufl. 2004, 60 S. m. vielen farb. Abb., geb. 12,95 €

Daniel Mack

Möbel aus Wildholz

Möbel aus Ästen und Zweigen für drinnen und draußen: Neben vielfältigen Möbelstücken, Formen und Stilen beschreibt der Autor, worauf es bei der Auswahl der Hölzer ankommt, wie sie bearbeitet und zusammengefügt werden. 3. Aufl. 2004, 168 S. m.v.Abb., 25,50 €

Claudia Lorenz-Ladener, Hrsg.

Holzbacköfen im Garten

Detaillierte Bauanleitungen vom einfachen Lehmofen bis zum gemauerten Brotbackhäuschen. Mit vielen Erfahrungen und Ratschlägen sowie pfiffigen Tips und Rezepten.
9. Aufl. 2006, 138 S.m.vielen Abb., 15,30 €

Claudia Lorenz-Ladener, Hrsg.

Lauben und Hütten

Einfache Paradiese zum Selbstbauen. Bauanleitungen für einfache Behausungen (Tipi, Baumhaus, Kuppelbau, Hogan etc.), sowie für architektonisch gelungene Gartenlauben, die leicht errichtet werden können. 3. Aufl. 2006, 190 S. m.v.Abb., geb. 22,50 €

Alan und Gill Bridgewater

Bauen mit Frischholz

In diesen farbig bebilderten Anleitungsbuch wird gezeigt, wie Spaliere, Bänke, Zäune, Obeliske, Sichtschutzelemente, luftige Lauben und sogar kleine Brücken aus frischem grünen Holz gebaut werden. 2002, 80 S., A4, gebunden 18,90 €

Unsere Bücher erhalten Sie in allen Buchhandlungen.

In der *ökobuch Versandbuchhandlung* haben wir über 300 Titel auf Lager, die Sie direkt bei uns bestellen können, und zwar zu folgenden Themen: Solararchitektur - Bauen & Selbstbau - Nutzung von Sonnen-, Wind- und Wasserkraft - Bioenergie - Energiekonzepte - Land- und Gartenbau - Tierhaltung - gesunde Küche - u.v.m. ...

Fordern Sie einfach die große Buchliste an bei:

ökobuch Verlag & Versand GmbH
79216 Staufen · Postfach 1126
✆07633-50613 · ✉ 07633-50870
Mail: oekobuch@t-online.de · www.oekobuch.de/